La Guía del Ghost Commerce

Commerce

Guía para Principiantes

Rubén Fox

El Ghost Commerce

La Cara Visible de los Programas de Afiliados

El mundo del comercio en línea está en constante evolución, y con él, surgen nuevas oportunidades para emprendedores y personas que buscan generar ingresos en internet. Uno de los modelos de negocio que ha ganado popularidad en los últimos años es el Ghost Commerce, también conocido como 'comercio fantasma'. Este intrigante enfoque se basa en la promoción de productos o servicios a través de programas de afiliados, permitiendo a los emprendedores generar ingresos pasivos sin la necesidad de crear un sitio web o tener una presencia en línea visible. En este artículo, exploraremos en detalle qué es el Ghost Commerce y cómo puedes aprovechar su potencial para ganar dinero de manera efectiva.

El Potencial del Ghost Commerce

El Ghost Commerce es un modelo de negocio que se ha convertido en una opción atractiva para aquellos que desean aprovechar el poder de los programas de afiliados. ¿Por qué? La respuesta es simple: la posibilidad de generar ingresos significativos con una inversión mínima y un tiempo relativamente corto.

Sin embargo, es importante destacar que el éxito en el Ghost Commerce no es un resultado garantizado. Como cualquier empresa, requiere trabajo, esfuerzo y un enfoque estratégico. Además, es crucial comprender que, a pesar de que puede ser un modelo de negocio muy rentable, debes estar al día con tus obligaciones fiscales y legales. El hecho de que no quieras ocuparte de estos aspectos no exime a los emprendedores de sus responsabilidades legales.

¿Qué es el Ghost Commerce?

El Ghost Commerce se basa en la idea de promover productos o servicios de terceros a través de enlaces de afiliados sin la necesidad de crear un sitio web o plataforma en línea visible. En lugar de dirigir el tráfico a un sitio web propio, los afiliados aprovechan las redes sociales, foros, grupos de discusión y otras plataformas en línea para promocionar productos y ganar comisiones por cada venta generada a través de sus enlaces de afiliados.

Pasos para Iniciar tu Aventura en Ghost Commerce

Para aquellos interesados en adentrarse en el mundo del Ghost Commerce, aquí hay algunos pasos fundamentales a seguir:

1. Investigación del Nicho: Encuentra un nicho de mercado que sea relevante y tenga demanda. La elección de un nicho adecuado es esencial para el éxito en el Ghost Commerce.

2. Registro en Programas de Afiliados: Regístrate en programas de afiliados de empresas que ofrezcan productos o servicios relacionados con tu nicho. Asegúrate de comprender sus políticas y condiciones.

3. Creación de Contenido: Crea contenido valioso y atractivo que promueva los productos o servicios de afiliados. Esto puede incluir reseñas, tutoriales, comparativas, y otros tipos de contenido.

4. Promoción en Línea: Utiliza plataformas como redes sociales, foros, grupos de discusión y otros canales en línea para promocionar tus enlaces de afiliados. Es

importante ser transparente y ético en tus promociones.

5. Seguimiento y Optimización: Realiza un seguimiento de tus esfuerzos y optimiza tu estrategia en función de los resultados. A medida que acumules experiencia, podrás afinar tus tácticas para obtener mejores conversiones.

El Ghost Commerce es un modelo de negocio en línea intrigante y potencialmente lucrativo que se basa en la promoción de productos o servicios a través de programas de afiliados. Si bien ofrece la posibilidad de generar ingresos significativos, es importante recordar que el éxito no es automático y requiere esfuerzo y dedicación.

En esta guía, hemos explorado qué es el Ghost Commerce y cómo puedes iniciar tu propio proyecto. Si sigues los pasos adecuados y te mantienes enfocado en tu objetivo, podrás aprovechar al máximo este emocionante modelo de negocio. Sin embargo, recuerda que, como emprendedor, debes cumplir con tus obligaciones fiscales y legales. Tu voluntad de crear un ingreso hará la diferencia en tu camino hacia el éxito en el Ghost Commerce.

Índice

Aprovecha mi experiencia

Tu Guía para el Éxito en el Comercio Electrónico

Imagina tener acceso a la experiencia acumulada de más de veinte años en el mundo del Comercio Electrónico. ¿Cuánto tiempo y esfuerzo podrías ahorrar al conocer los secretos y las lecciones aprendidas por alguien que ha recorrido ese camino? En este artículo, te invitamos a aprovechar esa experiencia invaluable que un veterano del Comercio Electrónico está dispuesto a compartir contigo.

Una Guía Basada en Experiencia Real

Los libros son ventanas a la mente de sus autores, y cuando el autor es alguien con más de dos décadas de experiencia en el Comercio Electrónico, puedes estar seguro de que estás obteniendo un tesoro de conocimiento. Este experto en Comercio Electrónico te ahorrará tiempo y esfuerzo, compartiendo sus vivencias y aprendizajes a lo largo de los años.

De los Errores a los Éxitos: Un Recorrido Real

En su camino, este experimentado emprendedor ha experimentado los altibajos del Comercio Electrónico. Ha probado, confirmado, cometido errores y vuelto a empezar. Pero lo más importante es que ha logrado corregir esos errores y ha cosechado éxitos espectaculares. Ha vivido la dinámica de Google cambiando los parámetros, pero ha vuelto a empezar con determinación. Ha trabajado en diversos proyectos, algunos de los cuales han generado grandes ganancias, mientras que otros se han enfrentado al cierre. Esta es la experiencia fenomenal que está dispuesto a compartir contigo.

Tu Mapa hacia el Éxito en el Comercio Electrónico

En su libro, este experto en Comercio Electrónico te llevará de la mano, paso a paso, a través de los entresijos de este apasionante mundo. Te explicará cómo funciona este tema y muchos otros que seguramente te interesarán. Pero lo mejor es que no se limitará a darte información; también te proporcionará las conexiones y los recursos que necesitas para poner en marcha tu propio proyecto de venta en línea.

Aprovechar la experiencia de alguien que ha pasado más de dos décadas en el Comercio Electrónico es una oportunidad que no puedes dejar pasar. Esta guía basada en vivencias reales te permitirá evitar obstáculos comunes, acelerar tu progreso y aumentar tus posibilidades de éxito en el competitivo mundo del comercio en línea. Si estás buscando el camino hacia el éxito en el Comercio Electrónico, esta guía es tu brújula para alcanzar tus metas.

Prólogo

El Marketing de Afiliación en el Mundo del Ghost Commerce

La Clave para Monetizar tu Proyecto en Línea

Cuando comienzas un sitio web, un blog o una tienda en línea, uno de los mayores desafíos es encontrar una manera efectiva de monetizar tu proyecto en línea. El marketing de afiliación, también conocido como Ghost Commerce, se presenta como una de las mejores estrategias para lograrlo. En este artículo, exploraremos por qué el marketing de afiliación es una opción tan poderosa y cómo puede ayudarte a obtener beneficios notables, incluso si estás comenzando desde cero.

¿Qué es el Marketing de Afiliación?

El marketing de afiliación es un modelo de negocio en línea que se basa en la promoción de productos o servicios de terceros a través de enlaces de afiliados. Los afiliados ganan comisiones por cada venta o acción generada a través de sus enlaces. Esta estrategia se ha convertido en una fuente de ingresos muy atractiva para aquellos que desean monetizar su presencia en línea.

Monetización Efectiva para Tu Proyecto en Línea

Lo que hace que el marketing de afiliación sea tan atractivo es su capacidad para generar beneficios interesantes incluso para aquellos que están dando sus primeros pasos en el mundo en línea. Con solo un puñado de programas de afiliados, es posible comenzar a ver ingresos notables.

La Importancia de Tener un Sitio Web Propio

Si bien es cierto que puedes acceder a algunos programas de afiliados sin tener un sitio web, es importante comprender que tener tu propio dominio y sitio web es una ventaja significativa. La mayoría de las redes de afiliados solicitan un sitio web propio como requisito para unirte a su plataforma. Sin un sitio web, es probable que tu solicitud sea rechazada.

Invertir en un Sitio Web

Una Opción Más Accesible de lo que Piensas

El argumento de que crear un sitio web es costoso es un mito que debe ser desterrado. De hecho, crear y mantener un sitio web es infinitamente más accesible de lo que mucha gente imagina. Además, un sitio web ofrece la posibilidad de establecer un sistema de ventas automatizadas que funciona las 24 horas del día, ideal para una tienda en línea.

Recursos Gratuitos para Facilitar tu Camino

Si la falta de conocimientos técnicos es una barrera para ti, no te preocupes. Afortunadamente, existen numerosos recursos y videos gratuitos en la web que explican cómo utilizar plataformas como WordPress para crear y gestionar un sitio web de manera sencilla. No necesitas ser un desarrollador web para comenzar. El conocimiento y la experiencia se adquieren con el tiempo y la práctica.

WordPress para tu Tienda en Línea

Para facilitarte aún más la tarea, te recomendamos considerar el uso de WordPress como plataforma para tu tienda en línea en el mundo del Ghost Commerce. WordPress es un sistema de gestión de contenidos (CMS) que es ampliamente reconocido por su facilidad de uso y versatilidad. Con una inversión mínima, puedes crear una tienda en línea atractiva y funcional que te ayude a aprovechar al máximo el marketing de afiliación.

Así pues, el marketing de afiliación es una herramienta poderosa para monetizar tu proyecto en línea, y tener tu propio sitio web es una ventaja crucial en este camino. No dejes que la falta de recursos o conocimientos técnicos te detenga; el acceso a recursos gratuitos y plataformas como WordPress hacen que sea más accesible que nunca entrar en el mundo del Ghost Commerce y comenzar a ganar dinero en línea.

Comienza Tu Proyecto en Línea Sin Capital

Un Camino Posible hacia el Éxito

Uno de los mitos más comunes en el mundo empresarial es la idea de que necesitas una gran cantidad de capital para iniciar un proyecto en línea. Sin embargo, en la era digital, es posible dar vida a tus ideas sin gastar una fortuna. En este artículo, te mostraremos que es factible iniciar tu proyecto en línea incluso si no cuentas con recursos económicos significativos. Contestaremos tres preguntas clave que seguramente te has planteado:

¿Puedes comenzar tu proyecto sin recursos económicos? Sí, es posible.

La falta de capital no debe ser un obstáculo insuperable para emprender en línea. La web está llena de oportunidades para aquellos que desean comenzar sin invertir grandes sumas de dinero. Si tienes una idea sólida y estás dispuesto a trabajar duro, puedes dar los primeros pasos sin gastar mucho, o incluso nada.

¿Puedes comenzar sin un sitio web? Sí, es viable.

Si bien tener un sitio web es beneficioso y a menudo esencial para ciertos tipos de proyectos, no es una barrera insalvable. En la era de las redes sociales y las plataformas de terceros, puedes comenzar a construir tu presencia en línea sin la necesidad de tener un sitio web propio desde el principio. Las redes sociales, blogs en plataformas gratuitas y otros canales en línea te permiten establecer una presencia inicial y probar tu concepto sin gastos significativos.

¿Ganarás dinero? Sí, es posible.

La monetización en línea es una realidad al alcance de todos. A través de diversas estrategias, como el marketing de afiliación, la creación de contenido patrocinado, la venta de productos digitales o servicios, entre otros, es posible generar ingresos incluso en las primeras etapas de tu proyecto. Si tienes un concepto sólido y una audiencia interesada, los resultados pueden ser sorprendentes.

La Primera Etapa: Probar y Aprender

Este enfoque tiene una ventaja clave: te permite probar y aprender. Iniciar tu proyecto en línea sin un gasto significativo te da la libertad de experimentar y ajustar tu estrategia según los resultados. Si encuentras que tu proyecto web no cumple con tus expectativas, no es un problema. No habrás gastado una gran cantidad de dinero y puedes reiniciar sin que afecte tu presupuesto.

Invierte en Tu Futuro

Si durante esta primera etapa ves que tu proyecto comienza a ganar tracción y muestra un potencial real, es el momento de considerar la inversión en tu propio dominio y un sitio web en WordPress. Esto te permitirá tener un mayor control sobre tu marca, una presencia más sólida en línea y resultados más concretos y considerables.

Así pues, la falta de capital no debe ser un obstáculo para emprender en línea. Puedes dar tus primeros pasos, probar tu idea y ganar dinero incluso sin un sitio web desde el principio. La clave está en la dedicación, la creatividad y la disposición para aprender y adaptarse. Cuando tu proyecto muestra un potencial real, puedes considerar la inversión en tu presencia en línea para llevarlo al siguiente nivel. El camino hacia el éxito en línea comienza con el primer paso, y ese paso es posible incluso sin un gran presupuesto.

Triangulación de Envíos

El Ghost Commerce, también conocido como la 'Triangulación de Envíos' en español, es un intrigante enfoque de venta al por menor que ha ganado notoriedad tanto en español como en inglés. En este artículo, exploraremos en profundidad este concepto, su conexión con el marketing de afiliación, y cómo puedes ganar dinero en línea a través de este modelo de negocio único.

Entendiendo el Ghost Commerce

En esencia, el Ghost Commerce implica una dinámica particular en el mundo de la venta al por menor. En lugar de mantener un inventario físico de productos, el minorista actúa como intermediario y toma los pedidos de los clientes, que luego pasa al mayorista. El mayorista es el encargado de despachar las mercancías directamente al cliente final. Esta estructura permite al minorista operar sin la necesidad de tener un almacén repleto de productos, lo que reduce significativamente los costos operativos.

Marketing de Afiliación y Ghost Commerce

El marketing de afiliación, también conocido como Ghost Commerce en inglés, es un modelo de negocio que se ha convertido en sinónimo de ingresos pasivos y oportunidades de ganancias en línea. En este modelo, una empresa, conocida como el anunciante o editor, paga comisiones a vendedores externos, llamados editores o afiliados, por generar clientes potenciales y, en última instancia, cerrar ventas de los productos que comercializa.

En términos sencillos, el Ghost Commerce implica que una empresa otorga a terceros el derecho de vender sus productos a través de enlaces especiales y recompensa a los afiliados con comisiones por cada venta exitosa. Esto se traduce en un sistema donde la empresa se beneficia al expandir su alcance a través de una red de afiliados, mientras que los afiliados generan ingresos por cada cliente que refieren y compra un producto.

Encuentra Programas de Afiliación Rentables

Casi todos los usuarios de la web han interactuado con programas de afiliación en algún momento. Puede que hayas visto banners en sitios web de noticias que promocionan productos y te invitan a 'hacer clic aquí'. O tal vez encontraste un enlace en un correo electrónico que te llevó a una oferta de una marca. En cualquiera de estos casos, estás interactuando con el programa de afiliación de alguien.

La clave del éxito en el marketing de afiliación radica en la cantidad de personas que hacen clic en los enlaces propuestos, y aún más importante, en cuántas de esas visitas se convierten en ventas. Cuanto más efectivos sean los afiliados en la promoción de productos y la generación de ventas, mayores serán sus ganancias.

Explorando Oportunidades y Ejemplos

En los próximos capítulos, exploraremos casos específicos y analizaremos qué programas de afiliación son los más rentables en la actualidad. Además, te proporcionaremos ejemplos concretos de cómo puedes aprovechar el Ghost Commerce y el marketing de afiliación para monetizar tu presencia en línea y generar ingresos pasivos. Si estás buscando una forma efectiva de ganar dinero en línea, el Ghost Commerce es una opción que vale la pena considerar.

Simplificando el Éxito

El Ghost Commerce, también conocido como 'Comercio Fantasma', es un concepto que puede sonar complejo a primera vista, pero en realidad, es una estrategia de negocios sumamente simple y efectiva. En este artículo, exploraremos en detalle qué es el Ghost Commerce, cómo funciona y cómo puedes aprovecharlo para establecer tu presencia en línea sin invertir grandes sumas de dinero.

La Elegancia de la Simplicidad

El Ghost Commerce se basa en una premisa sencilla: dirigir a los usuarios de Internet hacia el sitio web del fabricante, una tienda en línea o una marca. Cuando un cliente potencial hace clic en el enlace proporcionado y realiza una compra, el afiliado recibe una comisión sobre la venta. En esencia, el afiliado actúa como un intermediario que conecta a los compradores con los productos o servicios que desean.

Variaciones Regionales en el Concepto

En algunos lugares, se ha ampliado el concepto de Ghost Commerce para incluir empresas que compran y almacenan productos en su propio inventario para luego comercializarlos en su circuito de ventas. Esto se hace en regiones donde los compradores no están dispuestos a esperar largos períodos de tiempo para recibir sus productos. Por ejemplo, un cliente en Francia puede comprar un producto a través de un afiliado, pero la empresa vendedora se encuentra en China. En este caso, la entrega podría demorar varios días o incluso una semana, según la opción de envío elegida.

La urgencia del cliente en el comercio electrónico ha llevado a que muchos afiliados adopten la práctica de comprar un volumen de productos para que sus clientes puedan recibir sus compras al día siguiente. Esta variación se ha convertido en una respuesta lógica a las demandas del mercado.

El Enfoque Clásico del Ghost Commerce

En este libro, nos centraremos en describir el modelo clásico del Ghost Commerce, donde el afiliado se enfoca exclusivamente en atraer clientes para la empresa vendedora. En este enfoque, la simplicidad es clave. El afiliado se encarga de atraer tráfico y convertirlo en ventas, sin preocuparse por el almacenamiento o el envío de productos.

Encuentra el Medio, la Oferta y el Cliente Adecuados

El secreto del Ghost Commerce radica en encontrar el medio adecuado para promocionar productos, identificar la oferta correcta y llegar al cliente adecuado. Para lograrlo, es esencial proporcionar un valor agregado en tu propuesta comercial que atraiga a los internautas y los anime a hacer clic en la oferta. La efectividad radica en la selección estratégica de productos y en la capacidad de crear conexiones efectivas entre los consumidores y los productos o servicios que necesitan.

Así pues, el Ghost Commerce es un enfoque simplificado y efectivo para el éxito en el comercio electrónico. Al centrarse en atraer clientes y generar ventas, los afiliados pueden construir negocios en línea sin la necesidad de invertir grandes cantidades de dinero. La clave está en encontrar el equilibrio adecuado entre el medio, la oferta y el cliente correctos, y en proporcionar un valor genuino a tus clientes potenciales para impulsar el crecimiento de tu negocio.

28

Redes de Afiliación y Nichos

Descubriendo Oportunidades de Ingresos Pasivos

En el emocionante mundo del marketing de afiliación, las redes de afiliación juegan un papel fundamental al conectar a los afiliados con programas y ofertas atractivas. En este artículo, exploraremos algunas de las redes de afiliación más destacadas y los nichos de mercado que puedes aprovechar para impulsar tus ingresos pasivos.

Explorando las Redes de Afiliación

Comenzaremos nuestro viaje en el mundo del marketing de afiliación examinando algunas de las redes más reconocidas y populares. Estas plataformas brindan oportunidades y comisiones interesantes que puedes utilizar para encontrar programas de afiliados adecuados para ti.

1) *Commission Junky: Un Gigante Global*

Una de las redes más impresionantes en el mercado de afiliación es Commission Junky. Esta red no solo es influyente en América Latina, sino que también tiene un gran impacto en los mercados de Europa, Asia y Estados Unidos. Su programa de afiliados ofrece ofertas verdaderamente sorprendentes que pueden ser especialmente atractivas para los afiliados en busca de comisiones sustanciales. Si buscas oportunidades globales, esta red es una opción que definitivamente deberías considerar.

2) *Amazon: Mucho Más que Compras en Línea*

Amazon, el gigante del comercio electrónico, no solo es conocido por sus compras en línea, sino que también ofrece un lucrativo programa de afiliados. ¿Sabías que puedes recomendar productos de Amazon y ganar una comisión por cada venta generada a través de tus recomendaciones? Lo que es aún más interesante es que, si el cliente que recomendaste no solo compra el producto que sugeriste, sino también otros productos relacionados, también recibirás comisiones por esas compras adicionales. Amazon es un verdadero gigante en el mundo del marketing de afiliación y ofrece una variedad de formas de ganar dinero en línea.

3) *eBay: Subastas y Comisiones Generosas*

eBay, otro importante mercado en línea, funciona a través de subastas y ventas directas. La ventaja que tiene eBay sobre Amazon es que sus productos suelen ser más caros, lo que se traduce en comisiones más generosas para los afiliados. Además, eBay es conocido por su enfoque en la innovación y la creación de productos para sus clientes, lo que puede brindar oportunidades adicionales para los afiliados que buscan nichos específicos en el mercado.

4) *Shopify: Creación de Tiendas y Comisiones*

Shopify es una plataforma versátil que permite a los usuarios crear sus propias tiendas en línea y vender productos de su elección. Además de ser una plataforma de comercio electrónico, Shopify también tiene un programa de afiliados que ofrece comisiones por cada venta realizada a través de tus referencias. Puedes crear contenido informativo o tutoriales sobre cómo configurar una tienda en línea y recomendar Shopify como la plataforma ideal. Cada persona que acepte tu recomendación generará ingresos para ti.

5) *Zoom: La Era del E-Learning y el Teletrabajo*

Zoom se ha convertido en una herramienta esencial en la era del e-Learning y el teletrabajo, especialmente durante períodos de contingencia. Esta plataforma de videoconferencia se perfila como el futuro de la enseñanza y el trabajo en línea. Como era de esperar, Zoom también se ha sumado al mundo del Ghost Commerce con su propio programa de afiliados. La simplicidad de este programa hace que sea una opción atractiva para aquellos que desean capitalizar la creciente demanda de soluciones de comunicación en línea.

Así pues, el marketing de afiliación ofrece una amplia variedad de oportunidades en una variedad de nichos de mercado. Ya sea que estés interesado en el comercio electrónico, las compras en línea, las subastas, el comercio electrónico B2B o las soluciones de comunicación en línea, hay un programa de afiliados esperando a ser explorado. La clave del éxito radica en encontrar el nicho y la red de afiliación adecuados que se adapten a tus intereses y habilidades.

Cada Nicho Tiene su Propio Tesoro

En el vasto y diverso mundo del Ghost Commerce, cada nicho de mercado es como un tesoro esperando a ser descubierto. En este artículo, exploraremos ejemplos de empresas que participan en el Ghost Commerce y cómo, en algunos casos, ofrecen comisiones tan generosas que podrían sorprenderte. Además, te proporcionaremos un adelanto de lo que encontrarás en la segunda parte de este libro, donde exploraremos empresas con programas de afiliados sector por sector.

Un Vistazo a Empresas en el Ghost Commerce

Es fascinante observar cómo empresas de todos los tamaños y sectores participan en el Ghost Commerce, un modelo de negocio que permite generar ingresos pasivos a través de la promoción de productos y servicios. A continuación, te presentamos algunos ejemplos de empresas que han adoptado este enfoque:

1) Empresas Destacadas: Algunas empresas líderes en sus respectivos campos han abrazado el Ghost

Commerce. A menudo, estas compañías cuentan con una presencia en línea consolidada que se ha desarrollado a lo largo de varios años. A pesar de su tamaño y éxito, siguen reconociendo el valor de asociarse con afiliados para expandir aún más su alcance y aumentar las ventas.

2) Comisiones Generosas: No solo las empresas gigantes se benefician del Ghost Commerce. También existen redes de afiliación generalistas y temáticas que ofrecen comisiones muy atractivas. En algunos casos, estas comisiones pueden alcanzar hasta el 50 o incluso el 70% del valor de la compra. Este potencial de ganancias hace que el Ghost Commerce sea una opción tentadora para aquellos que buscan ingresos sustanciales en línea.

Acceso a Oportunidades en el Capítulo de 'Recursos'

Para aquellos interesados en sumergirse en el mundo del Ghost Commerce, este libro proporciona un valioso recurso en el capítulo de 'Recursos'. Aquí encontrarás enlaces para acceder a programas de afiliados de diversas empresas y comenzar a ganar dinero en línea.

La puerta está abierta para explorar oportunidades en una variedad de sectores y nichos de mercado.

Explorando Sectores Empresariales

En la segunda parte de este libro, nos embarcaremos en un emocionante viaje sector por sector. Exploraremos una serie de empresas que ofrecen programas de afiliados, brindándote información detallada sobre las oportunidades que existen en cada sector. Ya sea que estés interesado en la tecnología, la moda, la salud, los viajes o cualquier otro nicho, encontrarás consejos valiosos y recursos para comenzar tu viaje en el mundo del Ghost Commerce.

Así pues, cada nicho de mercado en el Ghost Commerce es una puerta a un tesoro de oportunidades. Empresas grandes y pequeñas están dispuestas a recompensar a aquellos que ayudan a impulsar sus ventas en línea. A medida que avanzamos en este libro, descubrirás cómo puedes aprovechar estas oportunidades y generar ingresos pasivos en el nicho que más te interese. ¡El mundo del Ghost Commerce está lleno de posibilidades esperando ser exploradas!

Productos Digitales

El mundo digital ha transformado radicalmente la forma en que vivimos, trabajamos y consumimos. En este artículo, exploraremos el apasionante nicho de productos digitales en el Ghost Commerce y cómo puedes aprovecharlo para generar ingresos pasivos. Desde servicios de SEO hasta el alquiler de servidores, estos productos intangibles ofrecen comisiones atractivas que hacen que valga la pena sumergirse en este sector.

Productos Intangibles, Comisiones Elevadas

Una característica distintiva de los productos digitales en el Ghost Commerce es la generosidad de las comisiones que ofrecen. De hecho, estas comisiones se encuentran entre las más altas en el mundo del marketing de afiliación en línea. Esto se debe a la naturaleza de los productos digitales, que a menudo tienen costos de producción y distribución más bajos en comparación con los productos físicos.

Si tienes un interés genuino en la tecnología, productos digitales, dispositivos móviles, Internet u otros temas relacionados, te encuentras en una posición privilegiada para aprovechar las oportunidades de ingresos en el Ghost Commerce. Este nicho puede ser relativamente pequeño en términos de público objetivo, pero precisamente debido a su especialización, las comisiones que ofrece son significativas.

El Pequeño Gran Nicho de la Tecnología

El nicho de la tecnología es un ejemplo destacado de la relación entre la especialización y las comisiones elevadas en el Ghost Commerce. Aunque puede no ser el nicho más grande en términos de audiencia, atrae a una base de seguidores apasionados y comprometidos. Esto significa que los afiliados que se dedican a temas tecnológicos tienen la oportunidad de conectar con un público altamente enfocado y receptivo.

Si disfrutas hablando sobre los últimos avances tecnológicos, escribir sobre productos digitales innovadores o compartir consejos y trucos sobre cómo aprovechar al máximo la tecnología, este nicho podría ser perfecto para ti. Al enfocarte en la tecnología y los productos digitales, podrás ofrecer contenido valioso y atractivo que atraiga a una audiencia interesada en estos temas, lo que a su vez aumentará tus posibilidades de generar comisiones significativas.

Explorando Oportunidades en el Capítulo de 'Recursos'

Para aquellos que deseen aventurarse en el mundo de los productos digitales en el Ghost Commerce, este libro proporciona un recurso valioso en el capítulo de 'Recursos'. Aquí encontrarás enlaces directos a programas de afiliados de empresas que trabajan en este sector. Estas conexiones te permitirán explorar oportunidades específicas en productos digitales y servicios en línea y comenzar a generar ingresos pasivos.

Así pues, el nicho de productos digitales en el Ghost Commerce es un mundo emocionante y lucrativo para aquellos con un interés genuino en la tecnología y los temas relacionados. Con comisiones elevadas y un público apasionado, este nicho ofrece una gran oportunidad para generar ingresos en línea. Aprovecha las oportunidades disponibles en el capítulo de 'Recursos' y comienza a monetizar tus conocimientos y pasión por la tecnología en el emocionante mundo del Ghost Commerce.

La Salud en el Mundo del Ghost Commerce

Tu Oportunidad para Generar Ingresos Pasivos

El nicho de la salud es uno de los más importantes en varios países y ofrece un vasto terreno para explorar en el mundo del Ghost Commerce. En este artículo, descubriremos por qué el sector de la salud es tan relevante y cómo puedes aprovecharlo para ganar monedas en línea. Desde productos y libros hasta videos en YouTube, existen múltiples recursos que te ayudarán a promocionar tu tienda en línea y obtener ingresos pasivos en este emocionante nicho.

Una Joya Escondida: el Nicho de la Salud

La salud es un aspecto fundamental en la vida de las personas, y cada vez más individuos buscan información y productos relacionados con este tema en línea. Si vives en un país donde el nicho de la salud es importante, tienes una oportunidad única para aprovecharlo y ganar dinero en línea.

Explorando Recursos en el Mercado

Uno de los aspectos atractivos del nicho de la salud en el Ghost Commerce es la diversidad de recursos disponibles. Empresas que ofrecen productos relacionados con la salud, libros informativos y dispositivos médicos a menudo cuentan con programas de afiliados. Los gigantes de los Market Places, como eBay, Amazon y Aliexpress, son excelentes lugares para buscar productos interesantes que puedas promocionar.

YouTube como Plataforma de Promoción

YouTube se ha convertido en una plataforma poderosa para la promoción en línea, y el nicho de la salud no es la excepción. En YouTube, encontrarás una gran cantidad de videos sobre ejercicios, recetas saludables, consejos de estilo de vida y más. La licencia Creative Commons permite utilizar videos existentes y compartirlos en tu propio canal, siempre y cuando menciones la fuente original. Esto te brinda la oportunidad de crear contenido valioso y atractivo para tu audiencia sin necesidad de producirlo desde cero.

Tu Trayectoria en el Deporte

Si eres deportista, entrenador o maestro de algún deporte, tienes una ventaja clara en este nicho. Tu experiencia y conocimiento te permiten posicionarte fácilmente como una autoridad en temas relacionados con la salud y el bienestar físico. Puedes compartir consejos de entrenamiento, programas de ejercicios personalizados o incluso recomendaciones de productos y suplementos que promuevan un estilo de vida saludable.

Empieza a Generar Ingresos Pasivos

El nicho de la salud en el Ghost Commerce es una oportunidad emocionante y lucrativa para aquellos que desean contribuir a la salud y el bienestar de las personas mientras generan ingresos en línea. Aprovecha los recursos disponibles y comienza a explorar oportunidades en programas de afiliados relacionados con la salud. Ya sea que promociones productos, libros o consejos de estilo de vida, tienes el potencial de ganar monedas mientras ayudas a otros a llevar una vida más saludable. ¡El nicho de la salud en el Ghost Commerce te está esperando!

Viajes y Turismo

El nicho de viajes y turismo es un tesoro oculto en el mundo del Ghost Commerce. En este artículo, exploraremos por qué este sector es tan atractivo para quienes buscan ganar comisiones sustanciales en línea. Desde vuelos a destinos exóticos hasta hoteles de lujo y productos relacionados con los viajes, el nicho de viajes y turismo ofrece oportunidades emocionantes para monetizar tu pasión por explorar el mundo.

Comisiones Generosas en el Mundo de los Viajes

Una de las características más atractivas del nicho de viajes y turismo en el Ghost Commerce son las comisiones potencialmente elevadas que puedes ganar. Imagina promocionar un vuelo que cuesta miles de monedas y recibir una comisión del tres o incluso del cinco por ciento. Estas comisiones pueden convertirse rápidamente en un ingreso significativo para ti. El sector de viajes y turismo es conocido por ofrecer productos y servicios con precios considerables, lo que significa que incluso un pequeño porcentaje de comisión puede traducirse en ganancias sustanciales.

Sin Necesidad de Ser una Agencia de Viajes

Lo mejor de todo es que no necesitas ser una agencia de viajes tradicional para participar en el Ghost Commerce de viajes y turismo. No requieres licencias, un local físico, personal adicional ni acuerdos exclusivos con compañías de viajes. En cambio, puedes utilizar tu tienda en línea, canal de YouTube o blog para enfocarte en el turismo como tu temática principal. Aquí puedes compartir tus propias experiencias de viaje, destinos que deseas visitar, reseñas de viajes de otras personas y todo lo relacionado con el emocionante mundo de los viajes.

Variedad de Oportunidades

El nicho de viajes y turismo es excepcionalmente diverso, lo que significa que tienes una amplia gama de oportunidades para explorar. Las empresas que ofrecen cruceros, hoteles, aerolíneas y alquiler de automóviles a menudo participan en el Ghost Commerce, lo que te brinda numerosas opciones para promocionar sus servicios y productos.

Además de los servicios de viaje, también puedes trabajar en el Ghost Commerce con una variedad de productos relacionados con el sector de viajes. Esto incluye desde casas de campaña, mochilas y artículos de acampada hasta cámaras, ropa de viaje, equipos de pesca, libros especializados, artículos de playa, calzado, lentes de sol, maletas y más. Puedes crear una tienda en línea completa en el Ghost Commerce y complementarla con contenido atractivo sobre viajes y turismo.

Un Mundo de Oportunidades Esperándote

El nicho de viajes y turismo en el Ghost Commerce es un lugar emocionante para aquellos que tienen una pasión por explorar el mundo y compartir sus experiencias. Con comisiones generosas, una variedad de productos y servicios disponibles, y la libertad de crear contenido relacionado con los viajes, tienes todas las herramientas para convertir tu pasión en ingresos lucrativos en línea. El mundo del viaje te está esperando, ¡así que prepárate para despegar hacia una nueva aventura en el Ghost Commerce!

Productos Financieros

Oportunidades en el Mundo de las Finanzas en Línea

El mundo de las finanzas es un nicho poderoso en el Ghost Commerce que a menudo pasa desapercibido. En este artículo, exploraremos por qué este sector es digno de atención y cómo puedes capitalizarlo para generar ingresos en línea. Desde servicios bancarios y seguros hasta el mercado de divisas (forex) y criptomonedas, el nicho de productos financieros ofrece una variedad de oportunidades para aquellos que buscan monetizar su conocimiento y pasión por las finanzas.

Descubre las Oportunidades Financieras en el Ghost Commerce

¿Sabías que muchas instituciones bancarias tienen programas de afiliados? Es posible que no lo sepas, pero en algunos de los Market Places mencionados o en portales dedicados al Ghost Commerce, esto es bien conocido y promocionado activamente. Los temas más comunes en este nicho incluyen servicios bancarios, seguros, forex, inversiones y criptomonedas.

Diversidad de Productos y Servicios Financieros

Aunque se mencionaron algunas empresas, la realidad es que las oportunidades en el ámbito de productos financieros en el Ghost Commerce son vastas y variadas. Puedes ampliar tu cartera de productos financieros y explorar una amplia gama de ofertas. Desde cuentas bancarias y tarjetas de crédito hasta seguros de vida y servicios de inversión, este nicho ofrece una variedad de opciones para promocionar.

Nicho de Especulación y Alto Riesgo

Es importante destacar que el nicho de productos financieros en el Ghost Commerce conlleva un alto nivel de especulación y riesgo. Algunas empresas en la red advierten sobre los peligros desde la primera página de sus sitios web. Sin embargo, si tienes experiencia y pasión por este tema y deseas compartir tus conocimientos, un blog es una plataforma más que adecuada para ingresar al mundo de los afiliados.

Tu Blog, Tu Plataforma Profesional

Crear un blog sobre finanzas es una excelente manera de ingresar al Ghost Commerce en este nicho. Puedes utilizar plataformas como Blogger, que ofrecen una amplia gama de recursos para personalizar el diseño según tus preferencias. Adquirir un dominio propio suele ser económico y dará a tu tienda en línea un aspecto profesional, lo que aumentará tus posibilidades de ser aceptado como afiliado por las empresas que ofrecen programas en Ghost Commerce.

Generando Ingresos en el Mundo de las Finanzas

El nicho de productos financieros en el Ghost Commerce es un terreno fértil para aquellos que desean explorar oportunidades en el mundo de las finanzas en línea. Si tienes conocimientos y pasión por las finanzas y estás dispuesto a asumir el riesgo asociado, puedes utilizar un blog para compartir tu experiencia y promocionar productos y servicios financieros. A medida que te sumerjas en este nicho, prepárate para descubrir el potencial de generación de ingresos que ofrece el emocionante mundo de las finanzas en línea.

Entretenimiento para Adultos

Navegando un Lucrativo Mar de Oportunidades

El nicho de entretenimiento para adultos es un mercado gigantesco que genera miles de millones de dólares cada año. Este sector se destaca por su demanda constante y la amplia variedad de productos y servicios que ofrece. En este artículo, exploraremos por qué el entretenimiento para adultos es un nicho tan poderoso en el Ghost Commerce y cómo puedes capitalizarlo para generar ingresos en línea. Desde portales de encuentros hasta productos eróticos, ropa sensual y perfumes, el mundo del entretenimiento para adultos ofrece una gran cantidad de oportunidades para aquellos que desean explorar este mercado.

Un Mercado Lucrativo en Constante Crecimiento

El entretenimiento para adultos es un nicho que no conoce la desaceleración. La lista de recursos disponibles al final de este libro es un testimonio de la importancia de este mercado. Muchas empresas tienen sus propios portales de encuentros, sitios de contenido erótico, tiendas en línea que ofrecen una amplia variedad de productos dirigidos al público adulto, desde juguetes para adultos hasta lencería y mucho más. La buena noticia es que todos estos artículos se pueden vender en el Ghost Commerce.

Amplia Variedad de Productos y Temas

El nicho de entretenimiento para adultos es diverso y abarca una amplia gama de productos y temas. Si este es tu tema de interés, encontrarás que hay una gran cantidad de formas de satisfacer las necesidades de tus clientes. Por ejemplo, puedes crear un sitio web que hable de novelas eróticas escritas por autores destacados que están en el dominio público. Asegúrate de que las obras que compartas estén disponibles de forma gratuita y cumplan con las licencias Creative Commons (libres de derechos). También puedes incluir fotos y contenido relacionado que tenga licencia Creative Commons para enriquecer tu sitio y atraer a tu audiencia.

Una Lista Interminable de Productos y Servicios

La lista de productos que puedes vender en el Ghost Commerce dentro del nicho de entretenimiento para adultos es prácticamente infinita. Desde productos físicos como juguetes para adultos, ropa sensual y perfumes hasta servicios como portales de encuentros y suscripciones a contenido exclusivo, hay una gran cantidad de oportunidades para explorar. La clave está en comprender a tu audiencia y ofrecer productos y servicios que satisfagan sus necesidades y deseos.

Explorando un Mundo de Oportunidades

El entretenimiento para adultos en el Ghost Commerce es un nicho emocionante y lucrativo que ofrece una amplia gama de oportunidades para aquellos que desean adentrarse en este mercado. Si tienes un interés genuino en el entretenimiento para adultos y estás dispuesto a crear contenido de calidad y respetuoso, puedes capitalizar este mercado en crecimiento y generar ingresos en línea. Ya sea que elijas vender productos eróticos, proporcionar información sobre novelas eróticas o ofrecer servicios relacionados con el encuentro adulto, tienes un mar de oportunidades esperando a ser explorado en el mundo del entretenimiento para adultos en el Ghost Commerce.

Casinos

Apostando por el Éxito en Línea

El nicho de los casinos en línea es un terreno fértil para aquellos que buscan oportunidades en el Ghost Commerce. En este artículo, exploraremos por qué el mundo de los juegos de azar en línea es un nicho tan prometedor y cómo puedes aprovecharlo para generar ingresos en línea. Desde programas de afiliación que te proporcionan elementos esenciales para lanzar tu propio casino en línea hasta promocionar casinos completos, este nicho ofrece una amplia gama de oportunidades.

Un Nicho en Constante Crecimiento

Los juegos de azar en línea son un nicho que siempre tendrá demanda. Muchas personas disfrutan de la emoción de los juegos de casino y la esperanza de ganar un premio, lo que garantiza un flujo constante de clientes. Esto hace que el mercado de casinos en línea sea 'ever green', en referencia a las luces verdes de los semáforos, lo que significa que siempre habrá oportunidades para ganar dinero en este nicho. Sin embargo, debido a su atractivo, la competencia es feroz, lo que requiere creatividad y enfoque para destacar entre la multitud.

Programas de Afiliación y Oportunidades

Algunos programas de afiliación en el nicho de casinos en línea ofrecen más que simples comisiones. Algunos proporcionan elementos esenciales como scripts para crear tu propio casino en línea con una variedad de juegos. En otros casos, incluso te entregan un casino completamente funcional y listo para ser promocionado, lo que simplifica tu trabajo al centrarte en atraer jugadores.

Explora una Amplia Gama de Opciones

El mundo de los casinos en línea es diverso y ofrece una amplia gama de oportunidades. Puedes elegir promocionar una variedad de juegos de casino, desde tragamonedas y póker hasta ruleta y blackjack. También puedes enfocarte en brindar información sobre estrategias de juego, reseñas de casinos en línea o incluso consejos para jugadores principiantes. La clave es comprender a tu audiencia y ofrecer contenido y productos que satisfagan sus necesidades y deseos.

Apostando por el Éxito en el Ghost Commerce

Los casinos en línea son un nicho emocionante y lucrativo en el Ghost Commerce que ofrece un flujo constante de clientes y oportunidades para generar ingresos. Si tienes un interés genuino en los juegos de azar en línea y estás dispuesto a invertir tiempo y esfuerzo en la promoción de casinos en línea, este nicho tiene el potencial de ser muy rentable. Ya sea que elijas crear tu propio casino en línea, promocionar casinos existentes o proporcionar contenido relacionado con el mundo del juego, el nicho de casinos en línea en el Ghost Commerce es una apuesta que puede conducir al éxito en línea.

Diversificación ¿La Estrategia Correcta para Ti?

Al explorar el vasto mundo del Ghost Commerce, es natural sentirse abrumado por la amplia gama de productos, artículos y servicios que se pueden vender en línea sin la necesidad de mantener inventarios, producir productos físicos, emitir facturas, gestionar envíos o lidiar con devoluciones y servicio al cliente. La simplicidad de centrarse en la promoción de tu tienda en línea o blog puede ser tentadora, pero ¿deberías diversificarte y explorar múltiples nichos a la vez? En este artículo, analizaremos los pros y contras de la diversificación en el Ghost Commerce.

El Impulso de la Diversificación

Es común que las personas, al descubrir la amplitud de oportunidades en el Ghost Commerce, se sientan tentadas a adquirir múltiples dominios y explotar varios nichos simultáneamente. La idea de tener varias fuentes de ingresos puede ser atractiva, pero es importante considerar los desafíos que conlleva.

Los Desafíos de la Diversificación

Diversificar en el Ghost Commerce puede ser un doble filo. Si bien es posible gestionar múltiples tiendas en línea o blogs, cada uno requiere su atención y esfuerzo dedicado. Aquí hay algunos desafíos que debes tener en cuenta:

1. Promoción Intensiva: Promover una sola tienda en línea ya puede llevar una parte significativa del día, especialmente al principio mientras te familiarizas con los procesos. Imagina tener que promocionar dos o tres nichos diferentes de manera efectiva. Requiere un enfoque intensivo y tiempo.

2. Gestión de Contenido: Mantener contenido fresco y relevante es clave en el Ghost Commerce. Si diversificas demasiado, podrías tener dificultades para mantener el ritmo y la calidad del contenido en todos tus nichos.

3. Registro y Seguimiento: Cada empresa afiliada te proporcionará códigos y recursos específicos. Llevar un registro de todo lo que vendes en tus tiendas

virtuales, así como de tu tráfico y actividades promocionales, puede volverse complicado si gestionas múltiples nichos.

4. Planificación Estratégica: La diversificación requiere una planificación estratégica sólida. Necesitas evaluar el rendimiento de cada nicho y ajustar tu estrategia en consecuencia. Esto puede convertirse en un trabajo a tiempo completo si no se hace correctamente.

Experiencias en Diversificación

Algunas empresas han tenido éxito en la diversificación en el Ghost Commerce, pero es importante destacar que esto requiere recursos y un enfoque experto. En algunos casos, incluso emplean a equipos completos para gestionar múltiples nichos.

Un Enfoque que Requiere Rigor y Planificación

Diversificarse en el Ghost Commerce puede ser una estrategia efectiva si tienes los recursos, la experiencia y el tiempo necesarios para hacerlo bien. Sin embargo, es importante recordar que la promoción exitosa de una sola tienda en línea ya es un trabajo significativo. Antes de aventurarte en múltiples nichos, asegúrate de tener un enfoque sólido y una estrategia clara para cada uno de ellos. La diversificación puede ofrecer un mayor potencial de ingresos, pero también requiere un mayor nivel de compromiso y gestión.

Modalidades de Pago

Maximizando tus Ingresos en el Ghost Commerce

Cuando te adentras en el emocionante mundo del Ghost Commerce, es fundamental comprender cómo funcionan las modalidades de pago en los programas de afiliados. Cada compañía afiliada puede ofrecer diferentes formas de remuneración, y elegir la adecuada puede marcar la diferencia en tus ingresos. En este artículo, exploraremos las modalidades de pago más comunes en el Ghost Commerce.

1. Pago por Impresión

El pago por impresión, también conocido como 'pago por mil' (CPM), implica recibir una cantidad de dinero por cada mil veces que se muestra el anuncio de una marca en tu sitio web. Este método de remuneración ha sido utilizado ampliamente en programas como Google

AdSense, donde puedes colocar anuncios en tu sitio web o en YouTube, cuando monetizas tu canal.

Aunque las cantidades que se pagan por impresión suelen ser pequeñas, esta modalidad es efectiva para sitios web con alto tráfico. Cada vez que un visitante carga una página con el banner del anunciante, ganas dinero. Cuantos más visitantes tenga tu sitio, mayores serán tus ganancias. Esta modalidad es especialmente beneficiosa para portales en línea con un gran volumen de tráfico.

2. Pago por Clic

Cuando tu sitio web no genera suficiente tráfico para aprovechar el pago por impresión, el pago por clic (CPC) puede ser una alternativa atractiva. En este método, recibes una comisión por cada clic que los visitantes realizan en los banners o enlaces que propones en tu sitio web.

El pago por clic suele ofrecer recompensas más interesantes que el pago por impresión. Para obtener buenos resultados con esta modalidad, es esencial seleccionar cuidadosamente los banners y enlaces para que sean atractivos para tu público objetivo.

Existen nichos particularmente rentables en esta modalidad, como los seguros y la ayuda humanitaria. Google AdSense, por ejemplo, paga por cada clic en los anuncios, lo que puede ayudar a cubrir los costos de alojamiento y dominio de tu sitio web.

3. Pago por Venta

El pago por venta (CPA) es una modalidad muy lucrativa en algunos programas de afiliados, donde las comisiones pueden ser significativamente elevadas, alcanzando hasta el 50% o más para ciertos productos.

Por ejemplo, algunos proveedores de alojamiento web pueden pagar alrededor del 50% de lo que gasta el internauta, lo que puede generar ganancias sustanciales. Sin embargo, es importante asegurarse de que el programa de afiliados y la temática de tu sitio web estén alineados. Colocar anuncios que ofrezcan un 50% de comisión en productos que no se relacionan con tu sitio web resultará en una falta de clics y conversiones.

El pago por venta es la modalidad más utilizada en el Ghost Commerce, ya que permite ganar dinero solo cuando los visitantes hacen clic en el banner y completan una compra. Esto motiva a los afiliados a promocionar productos y servicios de manera más efectiva.

Elige Sabiamente tu Modalidad de Pago

La elección de la modalidad de pago adecuada en programas de afiliados es esencial para maximizar tus ingresos en el Ghost Commerce. Cada modalidad tiene sus ventajas y desafíos, por lo que debes considerar tu tráfico, nicho y estrategia antes de tomar una decisión. Ya sea pago por impresión, pago por clic o pago por venta, tu objetivo es proporcionar un valor real a tus visitantes y convertir ese valor en ingresos para tu sitio web o blog.

Proceso de Pagos

Cómo Cobrar tus Comisiones

Una de las preguntas más comunes que surgen al sumergirse en el mundo del marketing de afiliación es: '¿Cómo recibiré mis comisiones?' Es una pregunta esencial para asegurarte de que tus esfuerzos se traduzcan en ingresos tangibles. En este artículo, te guiaré a través del proceso de pagos en el marketing de afiliación y cómo puedes cobrar tus merecidas comisiones.

Acumulación de Comisiones

Para evitar el gasto innecesario de recursos en la emisión de cheques o transacciones por cantidades muy pequeñas, la mayoría de los anunciantes optan por acumular las comisiones hasta que alcances un cierto umbral preestablecido. Esta práctica es completamente legal y común en el mundo de la afiliación.

Solicitar el Pago

Una vez que hayas acumulado una cantidad suficiente en comisiones, generalmente puedes solicitar el pago a través de métodos de tu elección. Los métodos de pago más comunes en el marketing de afiliación incluyen:

1. PayPal: Esta plataforma de pagos en línea es ampliamente utilizada en el marketing de afiliación. Puedes vincular tu cuenta de PayPal a tu programa de afiliados y recibir tus comisiones directamente en tu cuenta de PayPal. Luego, puedes transferir los fondos a tu cuenta bancaria o utilizarlos para hacer compras en línea.

2. Transferencia Bancaria: Algunos programas de afiliados ofrecen la opción de transferir tus comisiones directamente a tu cuenta bancaria. Asegúrate de proporcionar la información bancaria correcta y verificada para evitar demoras en los pagos.

3. Cheque: Aunque menos común debido a la creciente popularidad de las transferencias electrónicas, algunos programas de afiliados todavía ofrecen la opción de recibir cheques físicos. Esto puede ser una opción si no tienes una cuenta de PayPal o prefieres recibir un cheque en papel.

4. Otras Opciones: Dependiendo del programa de afiliados y de tu ubicación geográfica, es posible que también se ofrezcan otras opciones de pago, como tarjetas de regalo, transferencias electrónicas específicas de ciertos países, entre otros.

Responsabilidad Fiscal

Es importante destacar que, al generar ingresos a través del marketing de afiliación, tienes la responsabilidad de cumplir con tus obligaciones fiscales. En muchos países, los ingresos obtenidos en línea están sujetos a impuestos, y no declararlos adecuadamente puede tener consecuencias legales.

Mantente al tanto de las regulaciones fiscales de tu país y asegúrate de declarar tus ingresos correctamente. Si las autoridades fiscales descubren ingresos no declarados, pueden imponer multas significativas.

Así pues, el proceso de pago en el marketing de afiliación es generalmente sencillo. Acumulas comisiones a medida que generas ventas o referencias, y una vez que alcanzas un umbral determinado, puedes solicitar el pago a través de métodos como PayPal, transferencia bancaria o cheques. Sin embargo, no olvides cumplir con tus obligaciones fiscales para evitar problemas legales en el futuro.

Cómo se Identifican tus Clientes

En el apasionante mundo del marketing de afiliación, una de las cuestiones fundamentales es: ¿cómo se identifican tus clientes y se rastrean tus referencias para asegurarte las merecidas comisiones? Aquí te explicamos cómo funciona este proceso esencial.

Códigos Únicos en Enlaces y Banners

Cada enlace o banner de afiliado en el que un visitante hace clic contiene un código único agregado a la URL. Este código es como una firma digital que permite identificar al afiliado y registrar las ventas o referencias realizadas gracias a su promoción.

Cuando un afiliado se asocia con una marca o empresa para promocionar sus productos o servicios, se le asigna un número de identificación único. Este número actúa como su 'identificador' y lo distingue de otros afiliados que también promocionan los mismos productos.

El Papel de las Cookies

El método más común para rastrear enlaces de afiliados es mediante el uso de 'cookies'. Las cookies son pequeños archivos que tu navegador web almacena en tu dispositivo (como tu computadora o teléfono) cuando haces clic en un enlace de publicidad o visitas un sitio web.

En la mayoría de los sitios web, se generan cookies para rastrear la actividad de los visitantes. Estas cookies 'recuerdan' información sobre lo que el visitante ha visto o comprado en el sitio web. Cuando el visitante regresa en el futuro, la empresa puede acceder a esta información para personalizar la experiencia del usuario.

En el contexto del marketing de afiliación, las cookies son esenciales para realizar un seguimiento de las referencias y las ventas realizadas a través de los enlaces de afiliados. Cuando un visitante hace clic en un enlace de afiliado, se coloca una cookie en su dispositivo que registra información importante, como quién lo refirió al sitio y qué productos le interesaron.

Esta información se utiliza para garantizar que el afiliado reciba una comisión justa por cualquier venta que se realice gracias a su promoción. También permite a las empresas rastrear la actividad de los visitantes y personalizar la publicidad en función de sus intereses y comportamientos anteriores.

Limitaciones y Alternativas

Es importante tener en cuenta que algunas personas pueden bloquear o eliminar cookies en sus navegadores, lo que puede dificultar el seguimiento de referencias. Por esta razón, algunas empresas emplean métodos alternativos y legales para rastrear las referencias de los visitantes.

Estos métodos pueden incluir scripts basados en códigos CGI (Interfaz de Puerta de Entrada Común) relacionados con el número de afiliado, enlaces URL específicos y algoritmos de comparación de bases de datos. Estos enfoques garantizan que las comisiones se atribuyan correctamente incluso si las cookies no están disponibles.

Así pues, en el marketing de afiliación, cada enlace que proporcionas a tus clientes lleva un número de identificación único que permite rastrear tus referencias y asegurar que recibas tus pagos por las ventas realizadas. Ya sea mediante el uso de cookies o métodos alternativos, este sistema de seguimiento es esencial para garantizar una compensación justa para los afiliados y una experiencia personalizada para los visitantes. ¡Así que asegúrate de que tus promociones sean atractivas para que los clientes elijan comprar a través de tus enlaces!

Llevando Clientes a tu Tienda en Línea

Una de las claves para el éxito en el marketing de afiliación es encontrar el medio adecuado para atraer clientes a tu tienda en línea. Existen diversas estrategias y canales efectivos para lograrlo. A continuación, exploraremos en detalle algunas de las formas más efectivas de llevar a los clientes a tu tienda en línea.

1. Marketing de Contenido

El marketing de contenido es una estrategia poderosa para atraer tráfico a tu tienda en línea. Consiste en crear contenido valioso y relevante que resuelva problemas o satisfaga necesidades de tu audiencia. Puedes escribir artículos de blog, guías, tutoriales, videos instructivos o cualquier otro tipo de contenido que sea relevante para los productos o servicios que promocionas como afiliado.

A través del contenido de calidad, puedes establecerte como una autoridad en tu nicho y ganarte la confianza de tus visitantes. Luego, puedes incluir enlaces de afiliado estratégicamente dentro de tu contenido para llevar a los lectores a la tienda en línea de la empresa que promocionas.

2. Redes Sociales

Las redes sociales son un canal efectivo para promocionar productos de afiliados. Puedes crear perfiles en plataformas como Facebook, Instagram, Twitter, Pinterest o LinkedIn, dependiendo de tu nicho y audiencia. Comparte contenido relacionado con los productos que promocionas y utiliza enlaces de afiliado en tus publicaciones.

El poder de las redes sociales radica en su capacidad para compartir contenido viralmente. Cuando tu contenido se comparte y se vuelve viral, puedes alcanzar a un público mucho más amplio y aumentar tus posibilidades de generar ventas.

3. Email Marketing

El email marketing es una estrategia efectiva para mantener a tus clientes informados sobre ofertas y promociones. Construye una lista de suscriptores interesados en tu nicho y envía correos electrónicos periódicos con contenido útil y enlaces de afiliado a productos relevantes.

El email marketing te permite llegar directamente a la bandeja de entrada de tus clientes potenciales, lo que puede resultar en conversiones más altas si has cultivado una relación sólida con tu audiencia.

4. Publicidad PPC (Pago por Clic)

La publicidad PPC es una forma rápida de llevar tráfico a tu tienda en línea. Puedes utilizar plataformas como Google Ads, Facebook Ads o Bing Ads para crear anuncios pagados que se muestren a usuarios específicos basados en sus intereses y comportamientos en línea.

Asegúrate de que tus anuncios estén altamente enfocados en tu nicho y que dirijan a los usuarios a páginas de destino relevantes con enlaces de afiliado. Controla tus campañas de PPC para garantizar que estén generando un retorno de inversión positivo.

5. SEO (Optimización de Motores de Búsqueda)

El SEO es fundamental para atraer tráfico orgánico y de alta calidad a tu tienda en línea. Optimiza tu sitio web y tu contenido para palabras clave relacionadas con los productos que promocionas. Cuanto mejor sea tu clasificación en los motores de búsqueda, más visibilidad tendrás ante los usuarios que buscan productos similares.

6. Participación en Comunidades en Línea

Únete a comunidades en línea relevantes para tu nicho, como foros, grupos de redes sociales o plataformas de preguntas y respuestas. Participa de manera activa y proporciona respuestas útiles a las preguntas de los miembros. Puedes compartir tus conocimientos y, cuando sea apropiado, mencionar los productos que promocionas como soluciones a sus necesidades.

Así pues, encontrar el medio adecuado para llevar clientes a tu tienda en línea es esencial en el marketing de afiliación. Utiliza una combinación de estrategias, como el marketing de contenido, las redes sociales, el email marketing, la publicidad PPC, el SEO y la participación en comunidades en línea, para atraer tráfico y aumentar tus conversiones. El éxito en el marketing de afiliación requiere paciencia, consistencia y la capacidad de adaptarse a las necesidades cambiantes de tu audiencia.

El Poder del Libro Gratuito

En el emocionante mundo del marketing de afiliación, una de las estrategias más efectivas y comunes es ofrecer un libro gratuito o recurso valioso para atraer a una audiencia interesada. Esta estrategia, conocida como 'libro gratuito', es una forma inteligente de conectar con tu público objetivo, construir una lista de suscriptores y, finalmente, promocionar productos o servicios de afiliados de manera efectiva. Veamos por qué esta táctica es tan poderosa y cómo puedes implementarla en tu propio negocio de afiliados.

Ofreciendo Valor desde el Principio

El corazón de la estrategia del libro gratuito radica en brindar valor a tu audiencia desde el primer contacto. En lugar de intentar vender productos directamente, te posicionas como un recurso confiable y experto en tu nicho al proporcionar información útil y relevante de forma gratuita. Esto crea una impresión positiva en tus visitantes y aumenta la probabilidad de que confíen en tus recomendaciones futuras.

Construyendo una Lista de Suscriptores

Al ofrecer un libro gratuito, generalmente pides a los visitantes que se suscriban a tu lista de correo electrónico para acceder al contenido. Esto te permite construir una base de datos de personas interesadas en tu nicho o industria. Una vez que tengas esta lista, puedes comunicarte con tus suscriptores de manera regular, compartiendo contenido valioso y, ocasionalmente, promocionando productos de afiliados.

Promocionando Productos de Afiliados de Manera Estratégica

La verdadera magia del libro gratuito radica en cómo puedes promocionar productos de afiliados de manera sutil y efectiva. Dentro del libro, puedes integrar enlaces de afiliado de manera natural y contextual. Por ejemplo, si tu libro gratuito trata sobre consejos para la jardinería, puedes incluir enlaces a productos de jardinería, herramientas y suministros relacionados con el tema. Cuando los lectores encuentren estos enlaces y vean que son relevantes para lo que están leyendo, es más probable que hagan clic y realicen una compra.

La Licencia Creative Commons

Una estrategia inteligente es publicar tu libro gratuito bajo la licencia Creative Commons. Esto significa que los lectores pueden compartir y distribuir el libro, siempre y cuando mantengan las menciones legales intactas. Esta táctica amplifica la exposición de tu contenido, ya que otros sitios web y usuarios pueden compartirlo libremente, lo que aumenta tu visibilidad y alcance en línea.

Fomentando el Compartir

Dentro del libro gratuito, puedes animar a los lectores a compartirlo con sus amigos y seguidores en las redes sociales. Esto crea un efecto de boca a boca y puede llevar a que más personas descubran tu contenido y, por lo tanto, tus enlaces de afiliado.

El libro gratuito es una estrategia efectiva en el mundo del marketing de afiliación. Ofrece un enfoque de valor primero, construye una lista de suscriptores, promociona productos de afiliados de manera estratégica y utiliza la licencia Creative Commons para maximizar la exposición. Al proporcionar contenido de alta calidad de manera gratuita, puedes establecer una relación sólida con tu audiencia y aumentar tus ingresos como afiliado de manera sostenible.

El Marketing de Afiliación en YouTube

El universo de YouTube es un ecosistema vibrante y diverso en el que millones de creadores comparten contenido de todo tipo con una audiencia global. Entre los diversos enfoques para aprovechar esta plataforma, el marketing de afiliación ha surgido como una estrategia efectiva para monetizar canales y videos. En este artículo, exploraremos cómo funciona el marketing de afiliación en YouTube y por qué es una táctica poderosa.

¿Qué es el Marketing de Afiliación en YouTube?

El marketing de afiliación en YouTube es una estrategia en la que los creadores de contenido promocionan productos o servicios de terceros a través de enlaces de afiliados. Estos enlaces contienen códigos únicos que identifican al creador y permiten realizar un seguimiento de las ventas generadas a través de sus recomendaciones.

El Proceso en Detalle

1. Creación del Contenido: El proceso comienza con la creación de un video en el que el creador revisa, recomienda o presenta un producto o servicio. Esto puede ser cualquier cosa, desde reseñas de productos tecnológicos hasta tutoriales de belleza o demostraciones de productos para el hogar.

2. Inclusión de Enlaces de Afiliados: En la descripción del video o en algún lugar visible, el creador incluye enlaces de afiliados a los productos o servicios mencionados. Estos enlaces están etiquetados con su código único de afiliado.

3. Recomendación Auténtica: Es fundamental que la recomendación del producto sea auténtica y honesta. Los espectadores confían en las opiniones de los creadores, por lo que es esencial que las recomendaciones sean genuinas.

4. Seguimiento y Comisiones: Cuando un espectador hace clic en uno de los enlaces de afiliados y realiza una compra, el creador recibe una comisión sobre esa venta. Las comisiones pueden variar según el programa de afiliados y el producto, pero

generalmente oscilan entre el 1% y el 10% del precio de venta.

¿Por Qué Funciona el Marketing de Afiliación en YouTube?

El marketing de afiliación en YouTube es efectivo por varias razones:

1. Audiencia Receptiva: Los espectadores de YouTube a menudo buscan recomendaciones y reseñas antes de realizar compras. Esto significa que están más abiertos a las sugerencias de productos y servicios, lo que aumenta las posibilidades de conversión.

2. Confianza en los Creadores: Los seguidores tienden a confiar en los creadores que siguen. Si un creador ha proporcionado contenido valioso y honesto en el pasado, es más probable que los espectadores confíen en sus recomendaciones de afiliados.

3. Variedad de Nichos: YouTube abarca una amplia gama de nichos y temas. Esto significa que prácticamente cualquier producto o servicio puede encontrar un público interesado.

4. Potencial de Ingresos Pasivos: Una vez que un video con enlaces de afiliados está en línea, puede seguir

generando ingresos a lo largo del tiempo a medida que nuevos espectadores descubren el contenido y realizan compras.

Un Ejemplo Emblemático

El caso de PewDiePie, uno de los YouTubers más famosos del mundo, ilustra el potencial del marketing de afiliación en la plataforma. A pesar de las críticas, PewDiePie logró vender sillones de alta gama a un precio considerable, generando posiblemente miles de dólares en comisiones de afiliados.

Así pues, el marketing de afiliación en YouTube es una estrategia poderosa que permite a los creadores de contenido monetizar sus canales mientras brindan valor a sus seguidores. Con la confianza y la autenticidad como pilares, esta táctica continúa siendo una opción atractiva en el mundo del marketing digital.

El Marketing de Afiliación con Audiolibros

En el emocionante mundo del marketing de afiliación, una estrategia que ha estado ganando terreno en los últimos tiempos es el uso de audiolibros como medio para promocionar productos y servicios a través de enlaces de afiliados. Si bien es similar a la estrategia empleada en plataformas como YouTube, el marketing de afiliación con audiolibros tiene sus propias características y ventajas. En este artículo, exploraremos cómo funciona esta táctica y cómo puedes aprovecharla al máximo.

El Arte de los Audiolibros

Los audiolibros son una forma de narración que ha crecido en popularidad a medida que la tecnología y la movilidad se han vuelto una parte integral de nuestras vidas. Ya sea escuchando mientras se conduce, hace ejercicio o simplemente se relaja en casa, los audiolibros ofrecen una experiencia versátil para los amantes de la lectura. Y esta versatilidad es lo que los convierte en una herramienta poderosa para el marketing de afiliación.

Cómo Funciona el Marketing de Afiliación con Audiolibros

El proceso de marketing de afiliación con audiolibros es similar al utilizado en otros medios, pero con algunas diferencias clave:

1. Creación del Contenido: Comienza por crear contenido en forma de audiolibros. Pueden ser reseñas, análisis, resúmenes, entrevistas o cualquier tipo de contenido relacionado con un producto o servicio que deseas promocionar.

2. Inclusión de Enlaces de Afiliados: En la descripción del audiolibro o en un lugar destacado del contenido, debes incluir enlaces de afiliados a los productos o servicios que estás promocionando. Asegúrate de que estos enlaces estén claramente etiquetados como enlaces de afiliados.

3. Construir Audiencia y Compartir: Promociona tu contenido de audiolibro a través de plataformas adecuadas, como sitios web, redes sociales, listas de correo electrónico o aplicaciones de reproducción de

audiolibros. Cuanto mayor sea tu audiencia, mayores serán las posibilidades de conversión.

4. Ganancias por Comisión: Si un oyente hace clic en uno de tus enlaces de afiliados y realiza una compra, recibirás una comisión por esa venta. Las comisiones varían según el programa de afiliados y el producto, pero a menudo oscilan entre el 1% y el 10% del precio de venta.

Ventajas del Marketing de Afiliación con Audiolibros

- Audiencia Concentrada: Los oyentes de audiolibros suelen estar altamente comprometidos con el contenido y pueden ser un público receptivo a las recomendaciones.

- Contenido Duradero: Una vez que creas un audiolibro y lo publicas, sigue estando disponible para que los oyentes lo descubran durante mucho tiempo. Esto significa que puedes seguir generando comisiones incluso después de haber creado el contenido.

- Flexibilidad Temática: Los audiolibros pueden adaptarse a una amplia variedad de temas y nichos, lo que permite a los afiliados promocionar productos y servicios en campos que les apasionan.

- Crecimiento de la Audiencia: A medida que construyes una audiencia en torno a tus audiolibros, también puedes aumentar tu presencia y tu capacidad de conversión.

Estrategias Clave

Para tener éxito en el marketing de afiliación con audiolibros, es importante considerar algunas estrategias clave:

1. Producción de Calidad: Asegúrate de que tus audiolibros sean de alta calidad en términos de contenido y producción de audio.

2. Promoción Constante: Continúa promocionando tus audiolibros en línea y fuera de línea para llegar a una audiencia cada vez mayor.

3. Transparencia: Siempre sé transparente con tu audiencia sobre tus enlaces de afiliados y asegúrate de que tus recomendaciones sean genuinas y útiles.

4. Segmentación de Audiencia: Considera las preferencias de tu audiencia al seleccionar productos o servicios para promocionar. Cuanto más relevante sea tu contenido, mayor será la probabilidad de conversión.

El Futuro Brillante de los Audiolibros Afiliados

A medida que la demanda de contenido auditivo sigue creciendo, el marketing de afiliación con audiolibros tiene un futuro prometedor. Al crear contenido valioso y auténtico, puedes beneficiarte de esta tendencia en crecimiento mientras proporcionas a tu audiencia recomendaciones significativas. Con la combinación adecuada de pasión y estrategia, los audiolibros pueden convertirse en una fuente sólida de ingresos en el mundo del marketing de afiliación.

Crea Tu Propia Tienda en Línea

Si tienes un sitio web que ya está indexado en Google y deseas aprovecharlo para ganar dinero a través del marketing de afiliación, puedes crear tu propia tienda en línea utilizando la estrategia de Ghost Commerce. Esta es una forma efectiva de monetizar tu sitio web al promocionar productos y ganar comisiones por cada venta realizada a través de tus enlaces de afiliados. A continuación, te mostraremos cómo puedes poner en marcha tu propia tienda en línea y comenzar a ganar con el marketing de afiliación.

Paso 1: Identifica Tu Nicho de Mercado

Lo primero que debes hacer es identificar el nicho de mercado en el que deseas enfocarte. ¿Sobre qué tema o industria trata tu sitio web? Esto te ayudará a determinar qué productos o servicios serán relevantes para tu audiencia. Si tu sitio web ya tiene una temática específica, como tecnología, salud, viajes o cualquier otro, puedes buscar productos relacionados con esa temática para promocionar.

Paso 2: Encuentra Programas de Afiliados

Una vez que hayas definido tu nicho de mercado, busca programas de afiliados que ofrezcan productos o servicios relacionados con ese nicho. Muchas empresas tienen programas de afiliados que te permiten promocionar sus productos y ganar comisiones por cada venta que generes. Investiga y elige programas de afiliados que sean confiables y ofrezcan productos de calidad.

Paso 3: Crea Contenido Relevante

El siguiente paso es crear contenido relevante para tu audiencia. Puedes escribir artículos bien documentados, crear videos informativos, o incluso desarrollar contenido interactivo como guías, tutoriales o reseñas de productos. Asegúrate de que tu contenido sea útil y valioso para tus visitantes, y que esté relacionado con los productos que deseas promocionar.

Paso 4: Agrega Banners y Enlaces de Afiliados

Dentro de tu contenido, agrega banners y enlaces de afiliados que dirijan a tus visitantes a las páginas de productos de los anunciantes. Estos banners y enlaces deben estar claramente etiquetados como enlaces de afiliados para mantener la transparencia con tus usuarios. Cuanto más atractivos y relevantes sean estos elementos, mayor será la probabilidad de que los visitantes hagan clic en ellos.

Paso 5: Promociona Tu Contenido

Promociona activamente tu contenido a través de diferentes canales. Utiliza las redes sociales, tu lista de correo electrónico, grupos en línea y otras estrategias de marketing para atraer tráfico a tu sitio web y a tus páginas de productos. Cuanto más tráfico atraigas, mayores serán las oportunidades de conversión y ganancias.

Paso 6: Realiza un Seguimiento y Optimiza

Mantén un registro de tus conversiones y comisiones para evaluar el rendimiento de tus enlaces de afiliados. Analiza qué estrategias y productos generan los mejores resultados y optimiza tu contenido y promoción en consecuencia. Esto te ayudará a maximizar tus ingresos a lo largo del tiempo.

Crear tu propia tienda en línea a través del marketing de afiliación es una excelente manera de monetizar tu sitio web y generar ingresos adicionales. Al identificar tu nicho de mercado, encontrar programas de afiliados relevantes, crear contenido valioso y promocionarlo de manera efectiva, puedes aprovechar al máximo esta estrategia. Recuerda mantener la transparencia con tus usuarios y enfocarte en proporcionar valor a tu audiencia. Con dedicación y enfoque, puedes convertir tu sitio web en una fuente de ingresos a través del Ghost Commerce.

Los Cursos Gratuitos en Línea para Generar Ingresos

Regalar algo de valor puede desencadenar una reacción sorprendente en las personas. Cuando ofreces cursos en línea de forma gratuita, creas una oportunidad única para atraer a tu audiencia y generar ingresos a través del marketing de afiliación. En este artículo, exploraremos cómo puedes aprovechar los cursos gratuitos en línea para impulsar tus ganancias como afiliado.

El Sentimiento de Deuda

Cuando regalas algo de valor, como un curso en línea, creas un sentimiento de 'le debo algo' en la persona que lo recibe. Este sentimiento puede ser una herramienta poderosa en el mundo del marketing. Los usuarios que se benefician de tus cursos gratuitos pueden sentirse inclinados a devolver el favor de alguna manera. En este caso, esa 'devolución' puede manifestarse en la forma de hacer clic en los enlaces de afiliados que promocionas.

Promocionando Otros Cursos de Afiliados

Una estrategia efectiva es promocionar cursos de afiliados en tus propios cursos gratuitos en línea. Puedes hacer esto de manera sutil, al mencionar que existen otros recursos o cursos relacionados que pueden ser útiles para los estudiantes. Asegúrate de que los cursos que promocionas estén relacionados con el tema del curso gratuito para que sean relevantes para tu audiencia.

Cursos de Afiliados de Plataformas de Enseñanza

Muchas plataformas de enseñanza en línea ofrecen programas de afiliados que te permiten ganar comisiones por cada venta de cursos realizada a través de tus enlaces de afiliados. Estas plataformas suelen tener una amplia variedad de cursos pagados en diversas categorías.

Cómo Implementar Esta Estrategia

Aquí hay algunos pasos clave para implementar esta estrategia:

1. Selecciona una plataforma de enseñanza en línea: Regístrate en una plataforma de enseñanza en línea que ofrezca un programa de afiliados. Asegúrate de

que la plataforma tenga cursos relevantes para tu audiencia.

2. Crea tu curso gratuito: Diseña un curso gratuito de alta calidad que ofrezca un valor real a tus estudiantes. Asegúrate de que tu curso esté relacionado con el nicho de mercado en el que te enfocas.

3. Promociona tus cursos gratuitos: Utiliza estrategias de marketing para atraer a estudiantes a tu curso gratuito. Esto puede incluir el uso de las redes sociales, el correo electrónico marketing y la promoción en tu sitio web.

4. Incluye enlaces de afiliados: En tus cursos gratuitos, menciona otros cursos relacionados que están disponibles en la plataforma de enseñanza en línea a través de tu programa de afiliados. Asegúrate de etiquetar claramente estos enlaces como enlaces de afiliados para mantener la transparencia con tus estudiantes.

5. Proporciona valor continuo: A medida que los estudiantes avanzan en tu curso gratuito, sigue ofreciendo valor a lo largo del camino. Proporciona

contenido útil y relevante que los mantenga comprometidos.

Ofrecer cursos gratuitos en línea es una estrategia poderosa para atraer a tu audiencia y generar ingresos con el marketing de afiliación. Aprovecha el sentimiento de deuda que surge cuando regalas algo de valor y dirige a tus estudiantes hacia cursos de afiliados relacionados. Al proporcionar contenido valioso y relevante, puedes construir relaciones sólidas con tu audiencia y aumentar tus ingresos como afiliado.

Encuentra la Oferta Ideal

Tu Clave para el Éxito en el Marketing de Afiliación

Una de las bellezas del marketing de afiliación es que no necesitas crear tus propios productos o servicios desde cero. En lugar de eso, puedes aprovechar lo que ya está disponible en el mercado. Este enfoque te permite ahorrar tiempo y dinero, y centrarte en lo que mejor sabes hacer: la promoción. Aquí te mostramos cómo encontrar la oferta adecuada y sacar el máximo provecho de tu negocio de afiliados.

1. Investiga tu Nicho

Lo primero es identificar tu nicho de mercado. ¿Sobre qué tema o industria te sientes más cómodo promocionando productos o servicios? ¿Cuál es tu audiencia objetivo? La elección de un nicho que te apasione y comprendas bien aumentará tus posibilidades de éxito.

2. Busca Programas de Afiliados Confiables

Una vez que tengas claro tu nicho, busca programas de afiliados confiables en esa área. Muchas empresas ofrecen programas de afiliados donde puedes promocionar sus productos o servicios a cambio de comisiones. Investiga y selecciona programas que sean conocidos por su integridad y que ofrezcan productos o servicios de alta calidad.

3. Evalúa las Ofertas

Una vez que hayas identificado programas de afiliados, comienza a evaluar las ofertas de productos o servicios que tienen disponibles. Considera factores como la calidad del producto, la reputación de la marca, la demanda en el mercado y la competitividad de las comisiones que ofrecen. Asegúrate de elegir productos o servicios que realmente aporten valor a tu audiencia.

4. Comprende las Comisiones

Las comisiones varían según el programa de afiliados y el producto o servicio que promociones. Algunos programas pagan por impresiones, clics o clientes potenciales, mientras que otros pagan comisiones por ventas. Comprende cómo funcionan las comisiones y elige programas que te brinden la oportunidad de ganar de manera justa en función de tus esfuerzos.

5. Promoción Efectiva

Una vez que hayas seleccionado tus ofertas de afiliados, es hora de promocionarlas de manera efectiva. Utiliza estrategias de marketing digital como la creación de contenido relevante, el SEO, las redes sociales, el email marketing y otros métodos para llegar a tu audiencia. Cuanto más efectiva sea tu promoción, mayores serán tus posibilidades de generar conversiones y obtener comisiones.

6. Mantén la Transparencia

Es esencial ser transparente con tu audiencia. Asegúrate de divulgar claramente que estás utilizando enlaces de afiliados y que puedes recibir una comisión por las ventas generadas a través de tus promociones. La confianza con tu audiencia es fundamental para construir relaciones a largo plazo.

7. Evalúa y Ajusta

El marketing de afiliación es un proceso continuo. Evalúa regularmente tus estrategias y resultados.

¿Qué está funcionando mejor? ¿Dónde puedes mejorar? Ajusta tu enfoque según sea necesario para optimizar tus ingresos.

Así pues, encontrar la oferta adecuada en el marketing de afiliación implica elegir productos o servicios de alta calidad en tu nicho, promocionarlos de manera efectiva y mantener la transparencia con tu audiencia. Al seguir estos pasos y enfocarte en la promoción, puedes construir un negocio de afiliados exitoso sin la necesidad de crear tus propios productos o preocuparte por la logística. ¡Aprovecha al máximo esta oportunidad y comienza a ganar como afiliado hoy mismo!

El Marketing de Afiliación

Una Oportunidad Gratuita para Generar Ingresos

Si estás buscando una forma de generar ingresos adicionales sin invertir grandes sumas de dinero, el marketing de afiliación es una opción que deberías considerar. Una de las principales ventajas de este modelo de negocio es que, en su mayoría, es gratuito para comenzar. Aquí te explicamos por qué el marketing de afiliación es una oportunidad accesible y cómo puedes empezar sin costos iniciales significativos.

Un Negocio Gratuito al Alcance de Todos

Una de las razones por las que el marketing de afiliación es tan atractivo es que no requiere una inversión inicial importante. Los programas de afiliados suelen ser gratuitos para unirse. No necesitas comprar inventario, establecer una tienda física ni preocuparte por los costos operativos típicos de un negocio tradicional.

Flexibilidad para Comenzar a Tiempo Parcial

El marketing de afiliación ofrece la flexibilidad de empezar a tiempo parcial. Puedes administrar tu negocio de afiliados en tus horas libres, lo que lo convierte en una excelente opción si tienes otras responsabilidades o un trabajo a tiempo completo. Esta flexibilidad te permite ganar un dinero extra mientras te familiarizas con el modelo de negocio.

Paciencia y Compromiso para el Éxito a Largo Plazo

Es importante entender que el marketing de afiliación no es un esquema para hacerse rico rápidamente. Requiere paciencia y compromiso para ver resultados significativos. Al principio, es posible que solo generes ingresos modestos. Sin embargo, con el tiempo y el esfuerzo adecuado, puedes convertirlo en una fuente de ingresos más sustancial.

Escoger el Nicho Adecuado: Comodidad y Demanda

Cuando seleccionas tu nicho en el marketing de afiliación, es importante equilibrar tus intereses personales con la demanda del mercado. Escoger un tema que te apasione es valioso, pero no olvides investigar la demanda real de productos o servicios relacionados con ese nicho. Google Trends es una herramienta útil para comprender las tendencias de búsqueda y la popularidad de ciertos temas.

Adáptate a las Tendencias del Mercado

Los gustos de los internautas pueden cambiar rápidamente. En lugar de tratar de dictar las preferencias del mercado, es más sensato adaptarse a las tendencias existentes. Mantente al tanto de lo que los consumidores buscan en la web y busca productos o servicios afiliados que se alineen con esas tendencias.

Iniciar tu Negocio de Afiliados

Para empezar, investiga programas de afiliados en tu nicho elegido y selecciona aquellos que ofrezcan productos o servicios de calidad. Regístrate en estos programas, obtén tus enlaces de afiliados y comienza a promocionarlos a través de tus canales, ya sea un sitio web, redes sociales, blogs u otros métodos de marketing digital.

Así pues, el marketing de afiliación es una oportunidad gratuita y flexible para generar ingresos adicionales. Aprovecha esta opción para comenzar a tiempo parcial, pero recuerda que el éxito a largo plazo requiere paciencia y dedicación. Escoge tu nicho sabiamente y mantente al día con las tendencias del mercado para maximizar tus oportunidades de ingresos en el mundo del marketing de afiliación.

Encontrando al Cliente Ideal

Estrategias para el Éxito en el Marketing de Afiliación

En el emocionante mundo del marketing de afiliación, encontrar al cliente adecuado es fundamental para el éxito de tu negocio en línea. Si bien puede sonar fácil, convencer a un prospecto en línea de que compre un producto en tu tienda de Ghost Commerce requiere una estrategia sólida. A continuación, exploraremos diferentes enfoques para llegar a tu público objetivo y maximizar tus oportunidades de ventas.

SEO: Un Camino Duradero hacia el Éxito

El SEO (Search Engine Optimization) es una herramienta poderosa que puede llevar tu negocio de afiliados a nuevos niveles. Aunque es cierto que el SEO toma tiempo para mostrar resultados significativos, sus beneficios a largo plazo son invaluables. Optimizar tu sitio web y contenido para motores de búsqueda te ayudará a obtener visitas de calidad que durarán mucho tiempo.

Es importante recordar que el SEO no es una solución rápida, por lo que es recomendable implementarlo desde el principio mientras buscas otros métodos más inmediatos.

La Estrategia de Ligas Patrocinadas

Las ligas patrocinadas, como AdWords de Google, son una forma efectiva de atraer tráfico a tu sitio web de manera rápida. Puedes crear anuncios específicos y dirigidos a tu público objetivo utilizando palabras clave relevantes. Esto te permite aparecer en las búsquedas de los usuarios y aumentar la visibilidad de tu tienda en línea.

Sin embargo, es fundamental gestionar cuidadosamente tu presupuesto y estrategia de ligas patrocinadas para evitar gastos innecesarios. Si bien esta técnica puede generar resultados rápidos, también puede consumir recursos si no se utiliza de manera eficiente.

Automatización de Tareas: Maximizando la Eficiencia

La automatización de tareas es una herramienta valiosa en el marketing de afiliación. Te permite liberar tiempo y recursos para centrarte en lo más importante: tus clientes. Puedes utilizar herramientas de automatización para gestionar tareas repetitivas, como el seguimiento de prospectos y la programación de correos electrónicos.

Enfoque en Clientes de Alto Valor

No todos los clientes son iguales, y algunas veces, menos puede ser más. En lugar de tratar de complacer a todos los visitantes de tu tienda en línea, considera enfocarte en atraer clientes de alto valor. Estos son aquellos que gastan más dinero y generan ingresos significativos. Puedes lograr esto ofreciendo productos de alta calidad y servicios excepcionales que atraigan a este tipo de clientes.

La Automatización es la Clave

En lugar de dedicar una cantidad desproporcionada de tiempo a un solo cliente, busca formas de automatizar las interacciones y la atención al cliente. La automatización te permite brindar un servicio eficiente sin comprometer tu tiempo y recursos. Esto te permite concentrarte en adquirir nuevos clientes y expandir tu alcance en lugar de enfocarte en un solo cliente.

Ahora pues, encontrar al cliente adecuado en el marketing de afiliación es esencial para el éxito. Combina estrategias como el SEO, las ligas patrocinadas y la automatización de tareas para maximizar tus oportunidades de ventas. No olvides centrarte en la calidad sobre la cantidad y busca clientes de alto valor que puedan impulsar tu negocio de afiliados hacia nuevos horizontes.

Email Marketing

La Estrategia Efectiva para Impulsar tus Ventas

En el emocionante mundo del marketing de afiliación, una de las estrategias más efectivas y rentables para dar a conocer tu oferta es el email marketing. Este método resulta ser una herramienta poderosa y versátil que te permite llegar a tu audiencia de manera directa, económica y altamente efectiva. A continuación, exploraremos cómo utilizar el email marketing para impulsar tus ventas en el marketing de afiliación.

El Poder del Email Marketing

El email marketing se ha mantenido como una estrategia fundamental en el mundo del marketing digital debido a su eficacia probada. A través del envío de correos electrónicos, puedes llegar directamente a la bandeja de entrada de tus suscriptores, lo que te brinda una oportunidad única de comunicarte con ellos de manera personalizada.

Proceso Básico del Email Marketing

1. Construye tu lista de suscriptores: Lo primero que debes hacer es construir una lista de suscriptores interesados en tu temática o nicho de mercado. Puedes ofrecer contenido de valor, como guías gratuitas o informes relevantes, a cambio de que los visitantes se suscriban a tu lista.

2. Crea contenido de calidad: Una vez que tengas una lista de suscriptores, comienza a enviar correos electrónicos de calidad que brinden valor a tus destinatarios. Estos correos pueden incluir consejos, noticias, actualizaciones y, por supuesto, recomendaciones de productos o servicios de afiliados.

3. Utiliza páginas de aterrizaje efectivas: Cuando promociones productos de afiliados a través del email marketing, enlaza a tus suscriptores a páginas de aterrizaje (landing pages) específicas para cada producto. Estas páginas deben estar diseñadas de manera convincente y ofrecer información detallada sobre el producto o servicio que estás promocionando.

4. Incluye enlaces de afiliados: En tus correos electrónicos y páginas de aterrizaje, asegúrate de

incluir enlaces de afiliados que rastreen las conversiones y aseguren que recibirás tu comisión por cada venta generada a través de tu enlace.

5. Lanza campañas segmentadas: Segmentar tu lista de suscriptores en función de sus intereses y comportamientos te permitirá enviar correos electrónicos altamente relevantes. Por ejemplo, si tienes suscriptores interesados en productos de tecnología y otros en productos de salud, puedes enviarles recomendaciones específicas para cada grupo.

6. Mide y optimiza: Utiliza herramientas de seguimiento y análisis para evaluar el rendimiento de tus campañas de email marketing. Mide las tasas de apertura, clics y conversiones para comprender qué estrategias son las más efectivas y ajusta tus futuras campañas en consecuencia.

Una recomendación para el Éxito en el Email Marketing

Si deseas aprender más sobre cómo aprovechar al máximo el email marketing en el marketing de afiliación, el libro 'Gana Dinero con el Emailing' ofrece una guía detallada y paso a paso sobre todo el proceso. Desde la construcción de tu lista de suscriptores hasta la creación de campañas efectivas, este recurso puede ser una herramienta valiosa para tu estrategia de marketing.

Así pues, el email marketing es una estrategia poderosa y efectiva para impulsar tus ventas en el marketing de afiliación. Aprovecha esta herramienta para construir relaciones sólidas con tus suscriptores, proporcionarles contenido valioso y recomendar productos y servicios de afiliados de manera convincente. Con la estrategia adecuada y los recursos apropiados, puedes lograr un éxito significativo en el emocionante mundo del marketing de afiliación.

Tu Propia Tienda en Línea en Ghost Commerce

El comercio en línea se ha convertido en una de las formas más lucrativas de emprender y generar ingresos, y Ghost Commerce se presenta como una de las opciones más innovadoras y rentables dentro de este campo. Si has estado buscando una manera de ingresar al emocionante mundo de los negocios en línea, la creación de tu propia tienda en Ghost Commerce puede ser la respuesta. Aquí, exploraremos cómo puedes construir tu propia tienda en línea en este revolucionario modelo de negocio.

Encontrar tu Nicho y Tema

Antes de sumergirte en el mundo de Ghost Commerce, es crucial encontrar tu nicho o el tema que será el enfoque de tu negocio. La elección de tu nicho es un paso esencial, ya que determinará qué tipo de productos o servicios promocionarás en tu tienda. Aquí hay algunos pasos clave para ayudarte a encontrar tu nicho perfecto:

1. Investigación de Tendencias: Utiliza herramientas como Google Trends para identificar los temas y productos que están en alta demanda en línea. Estas tendencias pueden ofrecerte una visión valiosa sobre lo que los internautas están buscando activamente en la web.

2. Palabras Clave Relevantes: Emplea el servicio de 'Key Word Planner' de Google para identificar palabras clave relevantes en tu nicho. Busca términos que tengan una alta demanda, pero una competencia relativamente baja, lo que te permitirá destacar más fácilmente en tu mercado.

3. Tu Interés Personal: Considera tus propios intereses y pasiones al elegir tu nicho. Trabajar en algo que te apasione no solo te mantendrá motivado, sino que también te brindará un conocimiento profundo y una comprensión auténtica de tu mercado objetivo.

La Creación de Tu Tienda en Ghost Commerce

Una vez que hayas identificado tu nicho y tu tema, es hora de construir tu propia tienda en Ghost Commerce. Aunque puede parecer abrumador, este proceso se ha simplificado considerablemente en comparación con los métodos tradicionales de comercio electrónico. Sigue estos pasos para comenzar:

1. Plataforma de Ghost Commerce: Investiga y selecciona una plataforma de Ghost Commerce que se adapte a tus necesidades. Hay varias opciones disponibles, y cada una ofrece diferentes características y capacidades de personalización. Algunas de las plataformas populares incluyen Shopify, WooCommerce (para WordPress), y BigCommerce.

2. Diseño de la Tienda: Personaliza el diseño de tu tienda en línea para que se ajuste a la estética y la marca de tu negocio. Esto incluye la elección de un tema o plantilla, la configuración de colores y la creación de un logotipo distintivo.

3. Selección de Productos de Afiliados: Investiga y selecciona productos o servicios de afiliados que sean relevantes para tu nicho y que tengan una demanda significativa. Asegúrate de elegir productos de alta calidad y de marcas confiables.

4. Generación de Contenido: Crea contenido de alta calidad que promueva los productos y servicios de afiliados que estás promocionando. Esto puede incluir

descripciones detalladas de productos, reseñas, guías de compra y otros recursos informativos.

5. Optimización SEO: Implementa estrategias de optimización de motores de búsqueda (SEO) para que tu tienda sea fácilmente descubierta por los motores de búsqueda como Google. Esto aumentará tu visibilidad en línea y atraerá a más visitantes.

6. Promoción y Marketing: Promociona tu tienda en línea a través de diversas estrategias de marketing, como las redes sociales, el email marketing y la publicidad en línea. Aprovecha las redes de afiliados para aumentar tu alcance y atraer a un público más amplio.

Tu Camino hacia el Éxito en Ghost Commerce

La creación de tu propia tienda en Ghost Commerce puede ser tu entrada al emocionante mundo del comercio en línea y el marketing de afiliación. A medida que tu tienda crece y obtiene tracción, puedes generar ingresos significativos al promover productos y servicios de afiliados. Con la dedicación y el enfoque adecuados, tu tienda en Ghost Commerce puede convertirse en una fuente sólida de ingresos en línea. ¡No esperes más para comenzar tu emocionante viaje en el mundo del comercio en línea!

El Plan de Negocio

En el emocionante mundo de Ghost Commerce, tener un plan de negocio sólido es esencial para guiar tu camino hacia el éxito. Un plan bien pensado te ayudará a responder preguntas clave y a establecer una dirección clara para tu negocio en línea. A continuación, exploraremos los elementos fundamentales de un plan de negocio efectivo en Ghost Commerce.

Definiendo Tu Negocio

El primer paso en la creación de tu plan de negocio es definir claramente los aspectos fundamentales de tu negocio en Ghost Commerce. Estas son algunas de las preguntas que debes responder:

1. ¿Qué Vas a Vender?: Describe los productos o servicios de afiliados que planeas promocionar en tu tienda en línea. Es importante seleccionar productos que se alineen con tu nicho y tengan una demanda significativa.

2. ¿Cómo Vas a Venderlos?: Especifica la estrategia que utilizarás para promover y vender los productos de afiliados. Esto puede incluir tácticas de marketing, estrategias de contenido y enfoques de promoción.

3. Elección de Market Places: Identifica los Market Places o plataformas en las que planeas encontrar los productos de afiliados. Investiga y selecciona las plataformas que mejor se adapten a tus necesidades y a tu nicho.

4. Comisiones y Pagos: Detalla las comisiones que percibirás por la promoción de productos de afiliados. Asegúrate de comprender cómo y cuándo se te pagarán estas comisiones.

5. Metas de Ganancias: Establece tus metas de ganancias a corto y largo plazo. Tener objetivos claros te motivará a trabajar de manera constante para alcanzar el éxito.

Estrategias de Marketing y Promoción

Dentro de tu plan de negocio, es fundamental definir las estrategias de marketing y promoción que utilizarás para atraer visitantes a tu tienda en línea y convertirlos en clientes. Algunas de las preguntas importantes a considerar son:

1. Canales de Marketing: ¿Qué canales de marketing utilizarás para promocionar tu tienda en línea? ¿Emplearás las redes sociales como Facebook, YouTube, Twitter u otras plataformas?

2. Contenido de Valor: ¿Cómo crearás contenido de valor para atraer a tu audiencia? Esto puede incluir publicaciones de blog informativas, videos de reseñas de productos y otros recursos relevantes.

3. Estrategias de SEO: ¿Cómo optimizarás tu sitio web para los motores de búsqueda? La optimización de motores de búsqueda (SEO) es crucial para aumentar la visibilidad de tu tienda en línea en los resultados de búsqueda de Google y otros motores de búsqueda.

4. Publicidad de Pago: ¿Utilizarás publicidad de pago, como Google AdWords o anuncios en redes sociales, para aumentar tu alcance y atraer visitantes?

Visión a Largo Plazo

No olvides incluir una visión a largo plazo en tu plan de negocio. Considera cómo te gustaría ver tu negocio en Ghost Commerce dentro de un año o más. Establecer una visión a largo plazo te ayudará a mantenerte enfocado en tus objetivos a medida que avanzas.

Flexibilidad y Adaptación

Si bien un plan de negocio es esencial, también debes estar preparado para adaptarte a medida que evolucionan las circunstancias. Ghost Commerce es un campo dinámico y en constante cambio, por lo que la flexibilidad es clave para el éxito a largo plazo. Revisa y ajusta tu plan de negocio según sea necesario a lo largo de tu viaje emprendedor.

Así pues, la creación de un plan de negocio sólido es un paso crucial en tu camino hacia el éxito en Ghost Commerce. Define claramente tu negocio, establece estrategias de marketing efectivas y mantén una visión a largo plazo de tus objetivos. Con un plan bien estructurado y la dedicación adecuada, puedes aprovechar al máximo las oportunidades que ofrece el emocionante mundo de Ghost Commerce. ¡Empieza a trazar tu ruta hacia el éxito hoy mismo!

Aspectos Financieros y Legales

Al embarcarte en el Ghost Commerce, es esencial prestar atención a los aspectos financieros y legales de tu empresa en línea. Aquí te guiaremos a través de los pasos clave para garantizar que estés en cumplimiento con las leyes y regulaciones, y para administrar tus finanzas de manera efectiva.

Cuenta en PayPal: Tu Socio Financiero

Uno de los primeros pasos que debes tomar es la creación de una cuenta en PayPal. PayPal es una plataforma de pagos en línea que te permitirá recibir pagos de manera segura y conveniente. Aquí hay algunas razones por las que PayPal es una opción popular en Ghost Commerce:

- Facilidad de Uso: Configurar una cuenta en PayPal es rápido y sencillo. Puedes vincular tu cuenta bancaria para transferir fondos de manera eficiente.

- Seguridad: PayPal utiliza medidas de seguridad avanzadas para proteger tus transacciones y datos financieros.

- Aceptación Global: PayPal es ampliamente aceptado en todo el mundo, lo que facilita la recepción de pagos de clientes internacionales.

- Historial de Transacciones: PayPal ofrece un registro completo de tus transacciones, lo que facilita el seguimiento de tus ingresos y gastos.

No Te Saltes Esta Etapa

La parte legal es fundamental en el comercio electrónico y Ghost Commerce no es una excepción. Aquí hay algunos aspectos legales clave que debes abordar:

- Obligaciones Fiscales: Consulta a un contador o busca servicios de impuestos locales para comprender tus obligaciones fiscales. Dependiendo de tu ubicación y de la estructura de tu negocio, es posible que debas pagar impuestos sobre las ganancias.

- Derechos de Autor: Elige imágenes y contenido que puedas utilizar legalmente. Evita plagiar contenido de otros autores o copiar imágenes sin permiso. Las multas por infracciones de derechos de autor pueden ser significativas.

- Leyes de Edición: Asegúrate de cumplir con las leyes de edición que rigen el contenido en línea. Eres responsable de lo que se publique en tu Tienda en Línea, así que ten cuidado con lo que compartes y promocionas.

- Protección de Datos: Si recopilas información personal de clientes, debes cumplir con las leyes de protección de datos. Esto incluye obtener el consentimiento adecuado y proteger la información de manera segura.

- Términos y Condiciones: Considera redactar términos y condiciones claros para tu sitio web. Estos pueden ayudar a establecer expectativas claras con los clientes y proporcionar información importante sobre las políticas de tu empresa.

La Importancia del Cumplimiento

No subestimes la importancia del cumplimiento financiero y legal en Ghost Commerce. Las consecuencias de no cumplir con las leyes y regulaciones pueden ser costosas y dañinas para tu negocio. Las multas y sanciones pueden afectar tus ganancias y tu reputación.

Así pues, la atención a los aspectos financieros y legales es crucial en tu viaje hacia el éxito en Ghost Commerce. Configura una cuenta en PayPal para gestionar tus finanzas de manera eficiente y busca asesoramiento legal y fiscal para garantizar el cumplimiento. Al hacerlo, estarás en el camino correcto para construir y hacer crecer tu negocio en línea de manera sólida y legal.

Pasos Iniciales en Tu Tienda en Línea

El camino hacia el éxito en Ghost Commerce comienza con la creación de tu propia tienda en línea. Afortunadamente, existen herramientas y servicios accesibles que te permiten dar tus primeros pasos en este emocionante mundo sin la necesidad de grandes inversiones. Aquí te guiaré a través de los pasos iniciales para construir tu tienda en línea.

Elije la Plataforma Adecuada

Para comenzar, debes seleccionar una plataforma de creación de sitios web que se adapte a tus necesidades y presupuesto. Algunas de las opciones populares y accesibles son:

1. Sites.Google: Google Sites es una plataforma fácil de usar que te permite crear tu sitio web de manera gratuita. Es ideal si buscas una solución simple y rápida.

2. Blogger: Blogger es otra opción gratuita de Google que se centra en blogs, pero puedes utilizarlo para crear una tienda en línea básica con facilidad.

3. WordPress: WordPress es una plataforma versátil que ofrece opciones tanto gratuitas como de pago. Puedes construir un sitio web personalizado y profesional utilizando WordPress.

Cualquiera de estas opciones te permitirá dar tus primeros pasos sin costo inicial. Una cuenta de correo electrónico, preferiblemente Gmail, y un número de teléfono son todo lo que necesitas para comenzar.

Considera un Dominio Propio

Si deseas que tu tienda en línea tenga una apariencia más profesional y confiable, considera la posibilidad de comprar un dominio propio. Esto significa que tu sitio web tendrá una dirección web personalizada, como 'www.tutienda.com'. Aunque esto conlleva un costo anual relativamente bajo, es una inversión que puede marcar la diferencia en la percepción que tienen los clientes de tu negocio.

La mayoría de las plataformas, como Blogger, Google Sites y WordPress, ofrecen la opción de adquirir un dominio propio durante el proceso de creación de tu tienda en línea. Es una inversión que vale la pena para mostrar seriedad y compromiso en el mundo del comercio en línea.

Diseño de Tu Tienda en Línea

El diseño de tu tienda en línea es crucial para atraer a los clientes y transmitir una imagen profesional. Si no tienes experiencia en diseño web, no te preocupes. Puedes optar por una de las plantillas predeterminadas que ofrecen estas plataformas. Muchas de estas plantillas son gratuitas y están diseñadas para ser atractivas y funcionales.

Recuerda elegir colores y diseños que se ajusten a la imagen de tu negocio y atraigan a tu audiencia objetivo. La simplicidad y la facilidad de navegación son clave para una buena experiencia del usuario.

Así pues, construir tu tienda en línea en Ghost Commerce no tiene por qué ser complicado ni costoso. Elije la plataforma adecuada, considera un dominio propio para mayor profesionalismo y diseña tu tienda con cuidado. Con estos pasos iniciales, estarás listo para dar vida a tu negocio en línea y comenzar a explorar el emocionante mundo de Ghost Commerce.

136

Aliados Estratégicos

A continuación, te guiaré a través de los pasos para seleccionar a los socios adecuados y cómo aprovechar al máximo su oferta.

Explorando el Universo de los Marketplaces

Antes de sumergirte en el mundo de los socios, debes investigar y seleccionar un Marketplace en el cual basarás tu estrategia de Ghost Commerce. Afortunadamente, la lista de Marketplaces es extensa y diversa, lo que te brinda la oportunidad de encontrar uno que se adapte perfectamente a tus objetivos y preferencias.

En el capítulo 'Recursos' al final de este libro, encontrarás una lista de Marketplaces que puedes explorar. Cada enlace en esa lista está diseñado sin números de afiliado, para garantizar que no me aprovecho de tu voluntad de crear un negocio.

Iniciar la Solicitud de Afiliación

Una vez que hayas seleccionado uno o varios Marketplaces que te interesen, es hora de enviar tus solicitudes de afiliación. La mayoría de los Marketplaces proporcionarán enlaces directos para que puedas solicitar tu afiliación.

Es recomendable que envíes solicitudes a dos o tres socios potenciales para diversificar tus opciones y maximizar tus oportunidades. Al hacerlo, asegúrate de revisar las condiciones generales de afiliación de cada socio para garantizar que permitan la venta de productos de otros afiliados, lo que te permitirá expandir tu cartera de productos sin restricciones.

Aprovechando Tu Afiliación

Una vez que tu solicitud de afiliación haya sido aprobada, estarás listo para comenzar a explorar y promover los productos de tus socios. Aquí hay algunos pasos esenciales para aprovechar al máximo tu afiliación:

1. Obtén Tu Número de Afiliado: Cada socio te proporcionará un número de afiliado único. Asegúrate de incluir este número en las URLs de los productos que promociones, ya que esto permitirá que el socio

identifique a tus clientes y te proporcione las comisiones correspondientes.

2. Utiliza Banners: Muchos socios ofrecen una variedad de banners publicitarios en diferentes tamaños y diseños. Simplemente toma el código proporcionado por el socio y agrégalo a las páginas donde promocionarás los productos. Los banners se mostrarán automáticamente, lo que facilita la promoción de productos.

3. Crea Entradas de Producto: En tu tienda en línea, crea una entrada o artículo individual para cada producto que desees promocionar. Al hacerlo, asegúrate de proporcionar información completa y convincente sobre el producto, como si lo hubieras fabricado tú mismo. Utiliza imágenes de alta calidad proporcionadas por el socio o busca imágenes legales en línea.

4. Integra Videos: Si deseas agregar contenido multimedia a tus entradas, busca videos oficiales del fabricante o aquellos bajo licencia Creative Commons que puedas utilizar sin problemas legales. Los videos pueden ayudar a los clientes a comprender mejor los productos y tomar decisiones informadas.

5. Mantén la Coherencia: A medida que agregas productos, asegúrate de que todos estén relacionados con el tema de tu tienda en línea. La coherencia en tu selección de productos ayudará a que tu tienda sea más atractiva y fácil de navegar para los visitantes.

Así pues, tus socios comerciales en Ghost Commerce son esenciales para el éxito de tu tienda en línea. Investiga y selecciona sabiamente, y luego aprovecha al máximo tu afiliación al presentar los productos de manera convincente y coherente en tu tienda en línea.

El Arte de Promover Productos

Promover productos requiere una estrategia equilibrada que combine la creación de contenido valioso con una comunicación efectiva y un enfoque de marketing sólido. En este capítulo veremos cómo encontrar ese equilibrio y obtener el máximo provecho de tus esfuerzos de promoción.

El 20% de Creación de Contenido

El primer paso hacia una promoción efectiva es dedicar el 20% de tu tiempo y esfuerzo a crear contenido de alta calidad. Sin contenido valioso, cualquier esfuerzo de marketing será en vano. Aquí hay algunas pautas clave para la creación de contenido:

1. Contenido Multimedia: Aprovecha la variedad de formatos de contenido disponibles, como artículos, videos, infografías y podcasts. La diversidad de medios puede atraer a una audiencia más amplia.

2. Contenido Documentado: Investiga a fondo y proporciona información precisa y confiable. La autoridad en tu nicho te ayudará a ganarte la confianza de los visitantes.

3. Interés y Utilidad: Asegúrate de que tu contenido sea interesante y útil para tu público objetivo. Responde preguntas, resuelve problemas y ofrece perspectivas valiosas.

4. Pertinencia: Mantén tu contenido relevante para tu nicho. No te desvíes demasiado del tema principal de tu tienda en línea.

El 20% dedicado a la creación de contenido es fundamental para establecer una base sólida para tu estrategia de promoción.

El 80% de Comunicación y Marketing: Llegar a Tu Audiencia

La verdadera magia ocurre en el 80% restante de tu tiempo, donde te sumerges en la comunicación y el marketing efectivos. Aquí te presentamos algunas estrategias esenciales:

1. Comunicación Directa: Utiliza las redes sociales, correos electrónicos y comentarios en tu sitio web

para interactuar directamente con tus visitantes y clientes. Responde a sus preguntas y comentarios de manera oportuna.

2. Redes Sociales: Promociona tus productos en las redes sociales relevantes para tu nicho. Publica contenido atractivo, comparte noticias y ofrece promociones especiales para atraer a tu audiencia.

3. Publicidad en Línea: Considera la posibilidad de invertir en publicidad en línea, como Google Ads o anuncios en redes sociales. Esto puede aumentar la visibilidad de tu tienda y llegar a nuevos clientes.

4. Optimización para Motores de Búsqueda (SEO): Implementa estrategias de SEO para mejorar el posicionamiento de tu tienda en línea en los motores de búsqueda. Esto te ayudará a atraer tráfico orgánico a largo plazo.

5. Marketing de Afiliación: Si trabajas con programas de afiliación, asegúrate de promover tus productos a través de afiliados y socios estratégicos. Esto puede ampliar tu alcance y generar ventas adicionales.

6. Publicidad de Contenido: Crea contenido promocional, como guías de compra, reseñas de

productos y comparaciones, para atraer a los compradores interesados. Esto puede ayudarte a convertir visitantes en clientes.

La Clave Radica en el Equilibrio

Así pues, el equilibrio es la clave para promover productos eficazmente en el mundo de Ghost Commerce. Dedica tiempo y esfuerzo a crear contenido valioso y útil, pero no descuides la comunicación y el marketing. Al combinar ambos aspectos, podrás atraer y retener a tu audiencia, aumentar tus ventas y llevar tu tienda en línea al siguiente nivel.

La Importancia del SEO

En el marketing de afiliación, el SEO (Search Engine Optimization u Optimización para Motores de Búsqueda) es más que una herramienta; es la llave que desbloquea el éxito y te permite ganar dinero de manera sostenible.

El SEO y el Marketing de Afiliación: Una Relación Vital

Comencemos con una verdad fundamental: el SEO es esencial para ganar dinero a través del marketing de afiliación. ¿Por qué? Porque el SEO es la piedra angular de la visibilidad en línea. Cuando tus artículos, reseñas de productos o contenido promocional se clasifican en las primeras páginas de los motores de búsqueda como Google, Bing y Yahoo, tienes más oportunidades de atraer tráfico de calidad a tu sitio web. Y, como afiliado, más tráfico equivale a más ventas potenciales.

Construyendo un Sitio Web de Autoridad

Una estrategia efectiva de SEO en marketing de afiliación involucra la creación de un sitio web de autoridad basado en un nicho específico. Aquí hay un ejemplo para ilustrar esto: si eres un amante de los perros, puedes crear un sitio web centrado en contenido relacionado con los perros. Este enfoque permite que tu sitio se convierta en una fuente confiable de información para aquellos interesados en los perros y sus cuidados.

Palabras Clave y Contenido de Valor

Una parte esencial de tu estrategia de SEO consiste en identificar y utilizar palabras clave relevantes. Estas son las palabras y frases que las personas utilizan en los motores de búsqueda para encontrar información. Al integrar palabras clave relacionadas con tu nicho en tu contenido, aumentas tus posibilidades de clasificarte en los resultados de búsqueda.

Además, no se trata solo de palabras clave. El contenido que creas debe ser valioso y útil para tus visitantes. Tus artículos pueden abordar una amplia gama de temas relacionados con los perros: cuidados, educación, entretenimiento y mucho más. Cuanto más informativo y útil sea tu contenido, más tiempo pasarán los visitantes en tu sitio y más confianza generarás.

Programas de Afiliados y Productos Relevantes

Cuando te inscribes en programas de afiliados, es importante que los productos que promocionas estén relacionados con tu nicho. En el ejemplo de los perros, podrías promocionar productos alimenticios, suministros para el cuidado y juguetes para perros. La coherencia entre tu contenido y los productos que ofreces es clave para convertir visitantes en compradores.

El Compromiso Continuo

El SEO no es un proceso estático; es un compromiso continuo. Los algoritmos de los motores de búsqueda cambian con regularidad, y tu sitio web debe mantenerse actualizado para seguir siendo relevante. Esto implica la actualización de contenido, la adaptación a nuevas tendencias y la mejora de la experiencia del usuario.

Así pues, el SEO es un componente esencial del marketing de afiliación. Al convertirte en un experto en SEO, puedes posicionar tu sitio web en los resultados de búsqueda, atraer tráfico de calidad y aumentar tus oportunidades de ganar dinero a través de programas de afiliados. No subestimes el poder del SEO: es tu camino hacia el éxito sostenible en el mundo del marketing de afiliación. ¡Prepárate para convertirte en un maestro del SEO y alcanzar tus metas en el marketing de afiliación!

Convertir las Visitas en Clientes

El secreto para lograr que los internautas compren no es tan secreto después de todo. La clave radica en crear contenido convincente y útil que ayude a los visitantes a tomar decisiones informadas.

El Deseo de Ayuda y Orientación

Cada día, innumerables personas en línea buscan orientación y ayuda para tomar decisiones de compra. Ya sea que estén buscando información sobre productos, comparando opciones o resolviendo dudas específicas, los consumidores recurren a la web en busca de respuestas. Como afiliado, tu misión es proporcionar esas respuestas y guiar a los visitantes hacia la compra.

Contenido Persuasivo: El Motor de la Conversión

La creación de contenido persuasivo es esencial para convertir a los visitantes en clientes. Aquí hay algunas estrategias clave para lograrlo:

1. Conoce a tu audiencia: Antes de crear contenido, es importante comprender a quién te diriges. Investiga a tu audiencia para conocer sus necesidades, deseos y preocupaciones. Esto te ayudará a crear contenido relevante y atractivo.

2. Información detallada: Proporciona información detallada sobre los productos que promocionas. Los visitantes desean conocer las características, beneficios y usos de un producto antes de tomar una decisión.

3. Reseñas y testimonios: Las reseñas y testimonios de clientes satisfechos pueden ser altamente persuasivos. Incluye comentarios reales de personas que han utilizado el producto y han tenido una experiencia positiva.

4. Comparaciones: Si es relevante, compara el producto que promocionas con otras opciones en el mercado. Destaca las ventajas únicas que ofrece y por qué es la mejor elección.

5. Llamados a la acción claros: Utiliza llamados a la acción (CTA) claros y convincentes en tu contenido. Anima a los visitantes a hacer clic en enlaces o banners que los lleven a la página de compra.

6. Contenido multimedia: El uso de imágenes de alta calidad, videos y gráficos puede mejorar la presentación del producto y hacer que sea más atractivo.

7. Ofertas y promociones: Si puedes ofrecer descuentos o promociones especiales, destácalos en tu contenido. Las ofertas pueden ser un incentivo poderoso para la compra.

El Proceso de Motivación

Cuando un internauta hace clic en un banner o enlace que le propones, ya está motivado e interesado en el producto que estás promocionando. Ha pasado por una etapa de búsqueda de información y ha llegado a tu sitio en busca de respuestas. Es aquí donde tu contenido debe sellar el trato.

Tu contenido debe reforzar la idea de que el producto es la solución que están buscando. Debe abordar sus preocupaciones, responder a sus preguntas y brindarles la seguridad de que están tomando la decisión correcta al comprar el producto.

La Convicción como Herramienta Final

En última instancia, la convicción es la herramienta final para que los internautas compren. Tu contenido debe ser tan convincente que los visitantes sientan que están tomando la decisión correcta al realizar una compra. La confianza es fundamental en el marketing de afiliación, y tu contenido es la clave para construir esa confianza.

Así pues, el secreto para que los internautas compren radica en crear contenido persuasivo y útil que responda a sus necesidades y preocupaciones. Ayuda a tus visitantes a tomar decisiones informadas y bríndales la confianza necesaria para realizar una compra. Cuando tu contenido sea convincente, los visitantes se convertirán en clientes leales.

Redes Sociales y Marketing de Afiliación

Las redes sociales han revolucionado la forma en que las personas se conectan y comparten información en línea. Para los especialistas en marketing de afiliación, estas plataformas representan una valiosa oportunidad para promocionar productos y servicios. Sin embargo, debido a su naturaleza de comunicación rápida y concisa, las estrategias en las redes sociales deben ser precisas y efectivas. Aquí te mostramos cómo aprovechar al máximo estas plataformas.

El Poder de la Síntesis

Uno de los desafíos clave al usar las redes sociales para el marketing de afiliación es la limitación de espacio. Plataformas como Facebook y Twitter imponen límites estrictos en la longitud de tus mensajes. Por ejemplo, en Twitter, tienes solo 280 caracteres por tuit. En Facebook, si deseas que tu publicación se destaque, es mejor mantenerla breve y atractiva.

La Importancia de la Visualización

Las redes sociales son altamente visuales. Las imágenes y los videos tienen un gran impacto, y a menudo son más efectivos que el texto puro. Al promocionar productos de afiliados, utiliza imágenes atractivas que destaquen los productos que estás promocionando. Agrega descripciones breves pero persuasivas para acompañar las imágenes y aumentar la efectividad de tu mensaje.

Construcción de Comunidades

Las redes sociales también son conocidas por sus grupos y comunidades. Únete a grupos relacionados con tu nicho de mercado y participa activamente. Comparte contenido útil, responde preguntas y establece relaciones con otros miembros del grupo. Esto te ayudará a construir una reputación como experto en tu campo y aumentar tu visibilidad.

Manejo de Críticas y Comentarios

Las redes sociales pueden ser un terreno fértil para críticas y comentarios, tanto positivos como negativos. Aprende a manejar estas interacciones con calma y profesionalismo. Si recibes críticas negativas, considera utilizarlas como oportunidades para mejorar tus estrategias y productos.

Estrategias de Anuncios

Muchas redes sociales ofrecen opciones de publicidad de pago, como Facebook Ads o Twitter Ads. Estas pueden ser herramientas efectivas para llegar a un público más amplio y específico. Al crear anuncios, asegúrate de dirigirte a tu audiencia objetivo y de utilizar un mensaje claro y atractivo.

Rastreo y Análisis de Resultados

El seguimiento y análisis de tus esfuerzos en redes sociales es esencial. Utiliza herramientas de análisis integradas en las plataformas de redes sociales o herramientas de terceros para medir el rendimiento de tus publicaciones y anuncios. Esto te ayudará a ajustar tus estrategias y optimizar tus resultados.

Así pues, las redes sociales son una herramienta poderosa para el marketing de afiliación, pero requieren estrategias específicas. Sintetiza tus mensajes, utiliza imágenes atractivas, construye comunidades, maneja las críticas con profesionalismo y considera las opciones de publicidad de pago. Con un enfoque estratégico y creativo, las redes sociales pueden convertirse en un activo valioso para tu negocio de afiliados.

Aprovecha al Máximo los Grupos de Ventas

Los grupos de ventas en línea se han convertido en una fuente crucial para promocionar productos y servicios a una audiencia altamente interesada. Para aquellos que se dedican al marketing de afiliación, estos grupos representan una oportunidad valiosa para llegar a clientes potenciales de manera efectiva. Sin embargo, para lograr el éxito en esta estrategia, es fundamental elegir los grupos adecuados y utilizarlos de manera eficiente.

La Potencia de los Grupos de Ventas

Los grupos de ventas en plataformas como Facebook, Reddit o incluso foros especializados, reúnen a personas con intereses similares, incluyendo la búsqueda de productos y servicios. Estos grupos a menudo cuentan con miles o incluso millones de miembros, lo que los convierte en un caldo de cultivo para oportunidades de marketing de afiliación.

El Arte de la Promoción Efectiva

Cuando participas en grupos de ventas, tu objetivo principal es atraer la atención de los miembros hacia los productos o servicios que promocionas como afiliado. Para hacerlo con éxito, es esencial seguir algunas prácticas recomendadas:

1. Publica Imágenes Atractivas: Las imágenes son el gancho inicial en estos grupos. Asegúrate de publicar imágenes de alta calidad y atractivas que resalten los productos que estás promocionando.

2. Descriptivos Concisos: Acompaña tus imágenes con descripciones concisas pero persuasivas. Destaca las características clave y los beneficios del producto. Los miembros del grupo deben entender rápidamente por qué deberían estar interesados.

3. Enlaces de Afiliados Directos: A diferencia de otros enfoques de marketing de afiliación donde se dirige a los visitantes a través de tu sitio web, en los grupos de ventas puedes publicar enlaces de afiliados directamente. Esto simplifica el proceso para los compradores, ya que pueden acceder al producto de inmediato.

4. Sé Receptivo: Si los miembros del grupo tienen preguntas o comentarios sobre el producto, responde de manera oportuna y profesional. La atención al cliente y la interacción positiva pueden aumentar tus posibilidades de éxito.

Elegir los Grupos Adecuados

No todos los grupos de ventas son iguales, y elegir los correctos es fundamental. Aquí hay algunas pautas para seleccionar grupos efectivos:

1. Relevancia: Asegúrate de unirte a grupos que estén relacionados con los productos o servicios que promocionas. La relevancia es clave para llegar a una audiencia interesada.

2. Tamaño y Actividad: Busca grupos con un número significativo de miembros activos. Un grupo grande con poco compromiso no será tan efectivo como uno más pequeño pero altamente activo.

3. Normas de Publicación: Lee y comprende las reglas de publicación de cada grupo. Algunos grupos pueden tener restricciones sobre la frecuencia o el tipo de contenido que se puede compartir.

4. Participación Comunitaria: Observa cómo interactúan los miembros en el grupo. Un grupo con

una comunidad participativa es más propenso a responder positivamente a tus publicaciones.

Utiliza imágenes atractivas, descripciones persuasivas y enlaces de afiliados directos para promocionar tus productos. Además, elige cuidadosamente los grupos en los que participas para asegurarte de llegar a una audiencia relevante y comprometida. Con la estrategia adecuada, los grupos de ventas pueden ser una herramienta efectiva para aumentar tus ingresos como afiliado.

Los Grupos en Línea Pueden Impulsar tu Negocio

Los grupos en línea, ya sean en redes sociales como Facebook, Instagram o en plataformas especializadas, se han convertido en un recurso valioso para aquellos que buscan ampliar sus oportunidades de marketing de afiliación. Aunque es posible que no veas ventas directas en estos grupos, pueden desempeñar un papel crucial en la expansión de tu red y en la adquisición de conocimientos clave para el éxito.

Conectar con Profesionales Afines

Unirse a grupos que se centran en temas relacionados con negocios en línea o ventas es una forma efectiva de conectarte con otros profesionales. Aquí hay algunas maneras en las que estos grupos pueden ser beneficiosos:

1. Networking: Estos grupos a menudo son un caldo de cultivo para profesionales con experiencia y

conocimientos en el campo del marketing y las ventas en línea. Participar en conversaciones y establecer conexiones con otros miembros puede proporcionarte información valiosa y oportunidades de colaboración.

2. Aprendizaje: En grupos de negocios en línea, puedes aprender de personas que ya tienen éxito en el ámbito del marketing de afiliación. Comparten sus estrategias, consejos y experiencias, lo que puede acortar tu curva de aprendizaje y ayudarte a evitar errores comunes.

3. Acceso a Tribus: Si tienes la suerte de encontrar una 'tribu' o grupo altamente comprometido dentro de un grupo más grande, esto puede ser un activo increíble. Una tribu es un subconjunto de miembros que comparten intereses o objetivos específicos. Si puedes ganarte su confianza y participar en la tribu, es probable que veas un aumento significativo en tus ventas.

Ejemplo de Éxito

Un ejemplo concreto de cómo los grupos pueden impulsar las ventas en el marketing de afiliación es el caso de un cliente que se dedicaba a la venta de productos naturales. A pesar de tener pocos seguidores en su plataforma, pudimos potenciar su éxito. Creamos su página en inglés y nos conectamos con grupos relacionados con 'Salud y Bienestar' en línea. El punto de inflexión llegó cuando una persona influyente en uno de estos grupos comentó sobre la página de nuestro cliente. Este comentario atrajo a todos sus amigos y miembros del grupo, lo que resultó en un crecimiento explosivo de seguidores y un aumento significativo en las ventas.

El Poder de la Tribu

Este ejemplo ilustra cómo el acceso a una tribu o grupo influyente puede ser transformador para tu negocio de marketing de afiliación. Si puedes identificar y conectarte con la tribu correcta, es probable que experimentes un aumento considerable en la visibilidad y las ventas.

Diversificación de Plataformas

Es importante señalar que diferentes plataformas de redes sociales y grupos pueden ser efectivos para objetivos específicos. Facebook ofrece grupos de ventas y la posibilidad de configurar una tienda. Instagram también permite la creación de una tienda, mientras que Twitter y LinkedIn son ideales para la interacción profesional y la conexión con otros en tu industria.

YouTube es una excelente plataforma para promocionar tus productos mediante contenido visual.

Construyendo tu Circuito

Así pues, los grupos en línea pueden ser un componente fundamental para el éxito en el marketing de afiliación. Te conectan con profesionales afines, te brindan oportunidades de aprendizaje y, en ocasiones, te permiten acceder a tribus influyentes que pueden impulsar tus ventas. Aprovecha esta estrategia para construir un circuito sólido que promueva tus productos en Ghost Commerce y te lleve al éxito. ¡Felicidades por dar este paso hacia un negocio de afiliados próspero!

El Poder del Video

El video se ha convertido en una de las herramientas más efectivas para impulsar las ventas en Ghost Commerce. Muchos afiliados exitosos en todo el mundo confían en esta estrategia para promocionar productos y generar ingresos. A continuación, exploraremos cómo puedes aprovechar el video como un soporte de venta efectivo en Ghost Commerce.

El Proceso

Para sacar el máximo provecho del video en tu estrategia de marketing de afiliación, aquí hay un resumen de los pasos clave:

1. Establece tu Presencia en Línea: Comienza creando una plataforma en línea que incluya un blog, una página de ventas con un dominio propio, una tienda en línea u otro tipo de sitio web. Esta plataforma será esencial para atraer la atención de empresas y marcas y convencerlas de que te permitan unirte a sus programas de afiliados.

2. **Publica tus Banners y Ligas de Afiliado:** En tu plataforma en línea, presenta banners de productos y propón ligas de afiliado que incluyan tu número de afiliado. Acompaña estos elementos con contenido descriptivo, como artículos completos sobre los productos, infografías, testimonios y explicaciones detalladas sobre su uso.

3. **Crea un Video Complementario:** Un video es una pieza crucial para tu estrategia multimedia. Puedes utilizar programas como PowerPoint o herramientas en línea como Google Docs para crear una presentación animada. Luego, graba tu pantalla y comenta la animación para proporcionar información adicional sobre los productos. Este video será una poderosa herramienta de venta.

4. **Sube el Video a Plataformas de Video:** Sube tu video a plataformas populares de videos como YouTube. Asegúrate de incluir tu liga de afiliado en la descripción del video para que los espectadores puedan acceder directamente al producto que promocionas.

5. **Promoción Multicanal:** Promociona tu video en varias plataformas, como otras redes sociales, portales de

noticias o blogs especializados. Siguiendo la regla del 20/80 (20% para crear contenido y 80% para comunicar), concentra tus esfuerzos en la promoción efectiva de tu video.

6. Optimiza la Visibilidad: Asegúrate de que tu liga de afiliado esté entre los primeros 200 caracteres de la descripción del video para que sea visible de inmediato. Además, puedes integrar el mismo video en tu blog, sitio web o incluso en tus redes sociales para ampliar su alcance.

Todo es Gratis

Una de las ventajas más destacadas de esta estrategia es que es completamente gratuita. No necesitas gastar dinero en herramientas costosas. Aunque al principio puede llevar tiempo perfeccionar tu proceso de creación de videos, con la práctica descubrirás que puedes producir videos de manera más eficiente.

Sobre el Diseño

Si no eres un experto en diseño, no te preocupes. Puedes encontrar plantillas de PowerPoint gratuitas en línea que te ayudarán a crear videos atractivos.

Simplemente busca 'plantillas de PowerPoint para video gratis' en tu motor de búsqueda favorito y selecciona la que mejor se adapte a tus necesidades.

Al combinar contenido convincente con videos informativos, puedes aumentar significativamente tus posibilidades de éxito. Esta estrategia es rentable y puede generar ingresos sólidos una vez que la domines. ¡No dudes en aprovechar el poder del video para impulsar tus ventas en Ghost Commerce!

Ganancias Máximas con una Inversión Mínima

En el mundo del marketing de afiliación y Ghost Commerce, la inversión no siempre tiene que ser costosa. De hecho, este enfoque se destaca por su accesibilidad y la posibilidad de obtener ganancias considerables con recursos mínimos. A continuación, exploraremos cómo puedes maximizar tus ganancias mientras mantienes una inversión mínima.

1. *Soluciones Gratuitas y en Línea*

En todos los aspectos de tu estrategia de marketing de afiliación, puedes aprovechar soluciones gratuitas y en línea para establecer tu presencia en la web. Aquí hay algunos ejemplos:

- Blogs Gratuitos: Plataformas como Blogger te permiten crear un blog de manera gratuita. Esto es perfecto para comenzar a promover productos en Ghost Commerce sin incurrir en costos iniciales.

- Programas de Afiliados Gratuitos: La mayoría de los programas de afiliados no tienen tarifas de inscripción. Puedes unirte a ellos sin gastar dinero.

- Plataformas de Redes Sociales: Las redes sociales son herramientas poderosas y gratuitas para promocionar productos y atraer tráfico a tus enlaces de afiliado.

2. *Dominio Propio Opcional*

Si deseas que tu plataforma en línea parezca más profesional, puedes considerar la compra de un dominio propio. Por ejemplo, Blogger te permite integrar fácilmente un dominio que puedes adquirir directamente en la plataforma. Los costos de dominio suelen oscilar entre 7 y 10 dólares al año, según la extensión que elijas (por ejemplo, .com o .xyz).

Sin embargo, no es una inversión obligatoria, especialmente si estás comenzando y deseas minimizar los costos iniciales. Puedes trabajar con el dominio proporcionado por la plataforma gratuita sin problemas.

3. *El Reto de la Inversión Mínima*

El objetivo principal de este enfoque es invertir lo mínimo posible para obtener ganancias máximas en el menor tiempo posible. Esto es totalmente alcanzable, pero depende en gran medida de tu determinación y compromiso.

La clave para el éxito en Ghost Commerce radica en la calidad de tu contenido y tu capacidad para promocionar de manera efectiva los productos que estás afiliando. La inversión inicial, ya sea para un dominio o cualquier otro gasto menor, debe verse como una inversión en tu futuro y no como un obstáculo financiero insuperable.

Aprovecha las soluciones gratuitas y en línea disponibles, y considera la compra de un dominio propio solo cuando estés listo para darle un impulso profesional a tu plataforma. Recuerda que el éxito en Ghost Commerce se basa en tu capacidad para crear contenido convincente y promocionarlo de manera efectiva. Con la voluntad adecuada y la estrategia correcta, puedes alcanzar tus metas de ingresos con costos mínimos. ¡El desafío y la recompensa están en tus manos!

Recursos

Programas de Afiliados y Más

El mundo de Ghost Commerce y el marketing de afiliación ofrece una amplia gama de oportunidades para ganar dinero en línea. A continuación, te presentamos una lista de recursos y programas de afiliados que pueden servir como punto de partida para tu exitoso viaje en el mundo del comercio digital.

1. Amazon Afiliados

- Amazon es uno de los gigantes del comercio en línea y ofrece un programa de afiliados ampliamente reconocido. Puedes promocionar una variedad de productos y obtener comisiones por las ventas generadas a través de tus enlaces de afiliado.

2. ClickBank

- ClickBank es una plataforma de marketing de afiliación que se enfoca en productos digitales, como ebooks y cursos en línea. Ofrece comisiones atractivas y una amplia selección de productos.

3. ShareASale

- ShareASale es una red de afiliados que conecta a los afiliados con una variedad de programas y anunciantes. Ofrece una amplia gama de nichos y productos para promocionar.

4. Rakuten Advertising

- Rakuten, conocido como el 'Amazon de Japón', tiene un programa de afiliados que incluye una variedad de productos y servicios. Puedes promocionar productos de marcas reconocidas y ganar comisiones.

5. CJ Affiliate (anteriormente Commission Junction)

- CJ Affiliate es una de las redes de afiliados más grandes y ofrece una amplia selección de programas y anunciantes. Es especialmente conocida por sus programas de comercio electrónico.

6. eBay Partner Network

- eBay también tiene su propio programa de afiliados que te permite ganar comisiones promocionando productos de su plataforma.

7. Shopify

- Si deseas construir tu propia tienda en línea, Shopify es una plataforma popular que ofrece un programa de afiliados. Puedes promover su servicio y ganar comisiones por las conversiones.

8. Hotmart

- Hotmart es una plataforma de productos digitales ampliamente utilizada en América Latina. Puedes promocionar cursos en línea, ebooks y otros productos digitales y ganar comisiones.

9. Coursera

- Si estás interesado en la educación en línea, Coursera tiene un programa de afiliados que te permite promocionar cursos universitarios en línea y obtener comisiones.

10. Programa de Afiliados de Software

- Muchas empresas de software, como Adobe, ofrecen programas de afiliados. Puedes promocionar software popular y recibir comisiones por las ventas.

Estos son solo algunos ejemplos de programas de afiliados y recursos disponibles en Ghost Commerce. Recuerda que cada programa puede tener sus propias políticas y requisitos de afiliación, por lo que es importante investigar y elegir los que se adapten mejor a tus intereses y audiencia.

Conclusión

La Guía del Ghost Commerce se centra en proporcionar recursos gratuitos o de inversión mínima para que puedas crear tu propia tienda en línea con éxito. Independientemente del nicho que elijas, recuerda tratar los productos como si los hubieras creado tú mismo, busca aquellos en los que te sientas cómodo y mantén la constancia en tu proyecto.

Explorando Oportunidades en Ghost Commerce

El mundo del Ghost Commerce y el marketing de afiliación ofrece un vasto y emocionante terreno para aquellos que desean incursionar en el comercio en línea y obtener ingresos significativos. A continuación, te presentamos una lista de Market Places y programas de afiliados que representan una puerta de entrada a esta lucrativa industria.

1. Amazon Afiliados

   - Amazon es una de las plataformas de comercio en línea más grandes y exitosas del mundo. Su programa de afiliados permite a los afiliados promocionar una amplia gama de productos y ganar comisiones por cada venta generada a través de sus enlaces de afiliado.

2. eBay Partner Network

- eBay, otro gigante del comercio electrónico, ofrece su propio programa de afiliados. Los afiliados pueden promocionar productos de eBay y obtener comisiones por las ventas realizadas.

3. Zoom Afiliados

- Zoom se ha convertido en una herramienta esencial para reuniones virtuales y conferencias en línea. Su programa de afiliados permite a los afiliados promocionar esta plataforma de comunicación y ganar comisiones por las conversiones.

4. LinkedIn Marketing Solutions

- LinkedIn es la principal red social profesional y ofrece oportunidades de marketing a través de su programa de afiliados. Los afiliados pueden promover servicios y productos de LinkedIn y ganar comisiones por las ventas generadas.

5. Commission Junky

- Commission Junky es una plataforma de marketing de afiliación popular que ofrece una amplia gama de programas y oportunidades de ganancias. Es una elección común para los profesionales del Ghost Commerce.

6. ClickBank

- ClickBank es conocido por su enfoque en productos digitales, como ebooks y cursos en línea. Los afiliados pueden promocionar una variedad de productos digitales y ganar comisiones atractivas.

7. Taboola

- Taboola es una plataforma de publicidad nativa que se utiliza ampliamente en sitios web de todo el mundo. Algunos sitios web prefieren monetizar sus páginas con Taboola, lo que brinda oportunidades para los afiliados.

Es importante destacar que esta lista no pretende ser definitiva, ya que la industria del marketing de afiliación está en constante evolución. Siempre hay nuevos programas de afiliados y Market Places emergentes que pueden ser descubiertos a medida que exploras el mundo del Ghost Commerce.

El marketing de afiliación en Ghost Commerce es una excelente manera de generar ingresos en línea al promocionar productos y servicios de otras empresas. Ya sea que elijas unirse a programas de afiliados establecidos como Amazon o explorar oportunidades en plataformas menos conocidas, el potencial de ingresos es significativo. ¡Aprovecha estas oportunidades para iniciar tu Negocio!

Lista de Market Places:

Adblade   -
https://www.adblade.com/registration/publisher-signup

Su red se integra a la perfección con cualquier diseño para ofrecer a tu audiencia una experiencia de usuario de alta calidad. ¡Comienza a ganar CPM!

Ad Cash - https://adcash.com/

Su plataforma permite a los anunciantes llegar a audiencias globales y, a los editores, monetizar el tráfico web con un mínimo esfuerzo.

AdCombo - https://adcombo.com/

Es una red de asociados de clic por acción (CPA) que te permite personalizar las campañas de promoción para conectar a tu público objetivo en todo el mundo.

Adsense - https://www.google.com/adsense/start/

La antigua plataforma Google Affiliate Network, era una plataforma de pago por acción. Para ingresar, había que estar dado de alta en una cuenta de Google AdSense para manejar los pagos y publicar anuncios en el blog o sitio del afiliado. Hoy en día solo queda Google Adsense

Adterra - https://adsterra.com/referral/

La razón MÁS GRANDE para inscribirse en el programa de afiliados de la red Adsterra es que puedes ganar el 5% de los ingresos generados por los clientes durante toda tu VIDA.

Advertstream - https://adthink.com/publishers/

Su uso práctico y la variedad de publicidad (desde la afiliación a casinos hasta el clásico CPC) la convierten en una agencia de publicidad interesante para todos.

AffiBank   - https://www.affibank.com/members/affiliates/

Affin Bank es una subsidiaria de propiedad absoluta de Affin Holdings Berhad, vinculada a las Fuerzas Armadas, que cotiza en Bursa Malasia. Comenzó sus operaciones en enero de 2001 luego de una fusión entre el antiguo Perwira Affin Bank Berhad y BSN Commercial Berhad en agosto de 2000. Anuncian 75% de comisiones sobre las ventas.

Alidropship - https://alidropship.com/

El programa de afiliados de AliExpress. Inicia tu propio negocio de Ghost Commerce de la manera más fácil. Sus soluciones son interesantes para todo tipo de negocio; ya sea que desees construir tu propia tienda desde cero o que su equipo de expertos cree una para ti. Precios correctos en cualquiera de estas dos opciones.

Allo-publicité - http://www.allo-publicite.com/site/

Esta plataforma es una red publicitaria basada en CPC y CPM

Amazon - https://affiliate-program.amazon.com/

Amazon Affiliate Program es una red increíble que ha ganado una inmensa popularidad gracias a su navegación y su fácil utilización. Este programa es adaptable, se pueden comprar muchos productos a través de Amazon, lo que permite que sus enlaces y anuncios destaquen frente a otros por la gran variedad.

Avantlink - http://www.avantlink.com/

Esta empresa se enorgullece de mantenerse a la vanguardia de los aspectos tecnológicos de la industria. Están constantemente actualizando y mejorando su servicio, además de ofrecer nuevas herramientas y funciones en su plataforma.

Awin - https://www.awin.com/es

Nuestra red global de marketing de afiliación incita a anunciantes y afiliados de todo tipo o giro, a crecer en sus negocios online.

Button - https://www.usebutton.com/

Es una empresa de comercio de alto nivel que se especializa en marketing para dispositivos móviles. Trabajan en un modelo ganador de optimización del rendimiento y sistemas de recompensas que recopilan información del historial de compras del consumidor.

Clickbank - https://www.clickbank.com/affiliate-network/

Si comercia con productos digitales, la red de afiliados de Clickbank es sin duda la mejor opción para su programa de afiliados. Con su paquete de comisiones increíblemente lucrativo, esta red asegura al menos del 50% al 70% de comisión en cada venta.

ClixGalore - https://www.clixgalore.com/

ClixGalore ofrece diferentes tipos de programas a sus clientes, incluidos Pay Per Lead, Pay Per Sale, Pay Per Impression y Pay Per Click.

Commission Junky – https://www.cj.com/

Esta es una de las redes más grandes de afiliación en el mundo. Aquí puedes encontrar productos a la venta para tu portal web (poco importa tu giro), para tu blog o para tu Tienda en Línea.

Shut me Loud

https://www.shoutmeloud.com/commission-junction-best-place-for-affiliate-marketer.html

Una pequeña guía para principiantes. Aquí les muestran cómo utilizar Commission Junky, paso a paso. Página en inglés.

Traductor Google - https://translate.google.com.mx/?hl=es

Para los que me salgan con que no hablan inglés...

Dreamstore - https://www.dreamstore.ch/

Plataforma de afiliados en marca blanca que ofrece más de 2.500 productos de calidad. Tiendas fáciles de configurar y alta remuneración.

eBay – https://partnernetwork.ebay.com/

Si no has oído hablar de eBay, probablemente te hayas escondido en una cueva durante un par de décadas. Algunas personas no saben que eBay hace marketing de afiliación,

Eidon – https://www.eldonwatches.com/pages/affiliate-programme

Relojes. Con una red sólida, buenos comentarios de los clientes y muchas otras ventajas, es seguro decir que están aquí para triunfar en el mundo del Ghost Commerce.

Etsy – https://www.etsy.com/mx/affiliates

La tasa de comisión de Etsy se basa en su país y ofrece entre un 4 y un 8% de comisión en todas las ventas completadas. Cualquier producto anunciado en Etsy que se venda a través de tu tienda en línea ta hará recibir una comisión por esa compra.

Fiverr – https://affiliates.fiverr.com/

Aumenta tus ganancias dirigiendo el tráfico a Fiverr. Promueve el mercado de servicios digitales más grande del mundo. Cobra por conducir tráfico, así de fácil.

Flexoffers - https://www.flexoffers.com/

Con más de 5000 anunciantes destacados y más de 10 años de experiencia en el campo del marketing de afiliación, prometen brindar una atención al cliente sin igual, una amplia gama de herramientas mejoradas de transmisión de datos y pagos rápidos y confiables.

HIllTopAds - https://hilltopads.com/

Monetice hasta un 30% más efectivamente que antes

Reciba pagos semanales a través de Bitcoin, ePayments, Webmoney, Wire, ePayService y Paxum

Monetice el tráfico web y móvil. ¡Todos los nichos son los bienvenidos! Solo anuncios limpios

Impact - https://impact.com/affiliate-marketing/

Esta red fue creada por algunos de los nombres más grandes y legendarios de la industria. Combine esto con la tecnología de alta gama y obtendrá una combinación ganadora de inteligencia y experiencia que dará como resultado clientes satisfechos y muchas ganancias.

Infolinks - https://www.infolinks.com/join-us/

Infolinks te proporciona una fuente de ingresos estable, tecnología confiable, administración de cuentas fantástica y, lo más importante, una experiencia de usuario positiva.

LinkConnector -
https://www.linkconnector.com/affiliates/why-affiliates-love-lc/

Si buscas una súper gama de marcas conocidas y de buena reputación, entonces LinkConnector son las indicadas para ti. Tienen una gran responsabilidad en la 'tecnología patentada' y son extremadamente respetados en el área.

Linkedin -
https://www.linkedin.com/help/learning/answer/91423/link edin-learning-affiliate-program-overview?lang=en

Puede unirse al programa de afiliados de LinkedIn Learning y ganar hasta 40 por suscripción mensual o el 35 por ciento de la venta de una compra independiente (curso individual). Le proporcionaremos acceso a nuestros últimos banners, enlaces de texto y ofertas de prueba gratuitas.

Linkworth - http://www.linkworth.com/#publisher

agencia de publicidad estadounidense (el sitio está en inglés) muy interesante para toda publicidad 'en texto' (publicidad de palabras clave de su contenido). Linkworth también ofrece artículos remunerados para sus blogs.

MaxBounty   -
https://www.maxbounty.com/affiliates.cfm

La compañía paga a sus asociados semanalmente. Esta red de afiliados es particularmente popular entre los mejores vendedores afiliados y ha recibido innumerables buenas críticas en los últimos años.

Media.net - https://enter.media.net/program/

Aproveche su contenido para aumentar sus ingresos publicitarios hasta 2 veces. Regístrese y obtenga un bono del 10% en sus ganancias durante los primeros 3 meses

Mighty Deals - https://www.mightydeals.com/affiliates

¿Buscas ganar dinero extra en tu sitio web? Si tiene un sitio que cubre cupones, ofertas o herramientas de diseño web, o si tiene un público al que le encanta ahorrar dinero, ¡considere unirse al Programa de Afiliados de Mighty Deals! ¡Puede ganar un 25% en cualquier compra rastreada a través de sus enlaces de referencia a nuestro sitio web!

MintClicks - https://mintclicks.com/index.php?page=index/publisher

Con una cuenta de editor de MintClicks, podrá monetizar el tráfico del sitio web que está recibiendo actualmente pagándole por cada clic que recibimos a través de su sitio web. Le proporcionaremos anuncios de anunciantes que tengan las ofertas más altas, lo que garantiza que siempre tendrá la mayor cantidad de ingresos posible.

Netaffiliation - https://es.netaffiliation.com/aff/monetice-sus-espacios-publicitarios-y-bases-de-datos

La compañía está presente en 17 países de Europa y América y ofrece innovadoras herramientas para la gestión y difusión de campañas publicitarias online. La remuneración es bastante alta en comparación con otros operadores y puede adoptar las diferentes formas posibles: CPA, CPL, CPC, CPM.

Netim - https://www.netim.com/affiliate/

un simple enlace o banner (redirigido a nuestro sitio web), una sección completa en su sitio web que presenta uno o varios servicios, nuestro motor de búsqueda de nombres de dominio en su sitio web, Su recomendación a sus clientes, conocidos y amigos. Se pueden publicar mensajes en redes sociales

Outbrain - https://www.outbrain.com/contact/? who=publisher

La tecnología de Outbrain permite a las compañías de medios y editores competir en el juego de la adquisición, participación y retención de la audiencia.

PepperJam - https://www.pepperjam.com/publishers-and-influencers

Al descubrir el mundo del marketing de afiliación, veras que las oportunidades son infinitas. Echa un vistazo a nuestros recursos para socios diseñados para que comiences con éxito. Para Publishera e Influencers.

PopCash - https://popcash.net/register

Todo lo que necesita hacer es registrarse, enviar su sitio web. Una vez que su dominio haya sido aprobado, a todos sus visitantes se les mostrará un anuncio popunder cada 24 horas. Esto asegura que la experiencia de sus espectadores no se verá afectada por nuestros anuncios. Todo lo que le queda por hacer es concentrarse en atraer más visitantes hacia su sitio web.

Popunder Total - http://popundertotal.com/publishers.php

Monetice el tráfico de su sitio web en todo su potencial

PopUnderTOTAL ofrece servicios de costo por vista bajo un sistema de ofertas en tiempo real, lo que significa que obtendrá la cantidad máxima de dinero cada vez que uno de nuestros anuncios se muestre a un visitante de su sitio web

Pubdirect - http://www.pubdirecte.com

Debe insertar scripts de Pubdirectory en su sitio y luego solicitar las campañas a las que desea unirse. Sistema automático y fácil de usar, contenido de varios anuncios Adecuado para sitios 'pequeños'.

Rakuten - https://signup.linkshare.com/publishers/registration/landing

Elegida como una de las principales redes de afiliados durante cuatro años consecutivos, Rakuten Marketing es una opción de última generación para anunciantes principiantes y experimentados.

RevenueHits - https://www.revenuehits.com/

Convierta su sitio web en una vaca de efectivo con RevenueHits. Obtenga acceso a fuentes de demanda premium y aumente sus ingresos en computadoras de escritorio y dispositivos móviles. Conviértete en nuestro editor

RevenueVids - http://www.revenuevids.com/#solutions

RevenueVids es una mejor manera para que los editores premium se conecten con los principales anunciantes de video. Nuestros sistemas internos avanzados generan ingresos óptimos en tiempo real utilizando tecnología inteligente y contenido atractivo.

ReviMedia - https://revimedia.everflowclient.io/affiliate/signup

Si está buscando clientes potenciales en seguros, servicios para el hogar, servicios financieros y más, este es el sitio para usted. Con un alcance en todo EE. UU. Y más allá, pueden proporcionarle clientes potenciales calificados y de calidad, así como proporcionar información valiosa sobre sus datos demográficos clave.

Seeding Up - https://www.seedingup.es/editores/

SeedingUp te ofrece diversas opciones para comercializar sus páginas web, blogs, canales de YouTube y perfiles de redes sociales (Faclibro, Twitter e Instagram). Nuestros productos de Blog marketing son ideales para blogs, mientras que las Digital News son excelentes para los medios de comunicación online. Los Youtubers pueden comercializar sus canales de Youtube mediante los Influencer Videos. En la oferta de Social Posts & Seeding se incluyen páginas de Faclibro, perfiles de Instagram y cuentas de Twitter públicas.

ShareASale   -
https://account.shareasale.com/newsignup.cfm?

Con más de 4000 programas de afiliados y 15 años de experiencia en el campo de las redes de afiliados, ShareASale es posiblemente la red de afiliados más reconocida. Similar a CJ, esta plataforma también viene con un sistema de pago confiable y un mecanismo de seguimiento fácil de usar.

Share Results - https://www.shareresults.com/affiliate-network-solutions/

Desarrollaron su propia plataforma y tecnología, y realmente llama la atención de los minoristas. Definitivamente vale la pena echarle un vistazo e incluso ofrecen un blog lleno de consejos, sugerencias y noticias también!

Shopify - https://www.shopify.com.mx/afiliados

Gana con el programa de affiliate marketing un promedio de 58 dólares por cada usuario que se inscriba en un plan pago con tu enlace de referencia único, y 2000 dólares por cada referencia a Shopify Plus.

Skimlinks - https://signup.skimlinks.com/

Abra una nueva fuente de ingresos de su contenido

Skimlinks afiliados productos enlaces de su contenido comercial. Automáticamente

Smooth - https://affiliate.loadsmooth.com/index.php

Con más de 500 marcas conocidas y más de 500,000 usuarios cada día, fusionan con orgullo las complejidades de la ciencia de datos con el impacto de las interacciones humanas para crear resultados cuantificables y fáciles de monitorear.

Sponsorboost -
https://www.sponsorboost.com/v2/affilies.php

Sponsorboost ofrece una plataforma de enrutamiento de correo electrónico que le permite llevar a cabo campañas de correo electrónico sin ser considerado un spammer. Campañas en display y por correo electrónico.

Taboola - https://www.taboola.com/contact

Más de 10,000 proyectos en línea usan Taboola para adquirir nuevas audiencias, aumentar el compromiso y generar Ingresos.

Tipalti - https://tipalti.com

La automatización de extremo a extremo de Tipalti optimiza todo su proceso para pagar afiliados en todo el mundo.

Togethernetworks - https://topoffers.com/es/for-affiliates/

Ofrecemos las mejores ofertas CPA para anunciantes premium y garantizamos pagos competitivos a nuestros afiliados. La gran ventaja de trabajar con nosotros es nuestro servicio de asistencia inmediato y personalizado, y nuestra elevada monetización del tráfico.

Tradedoubler   -
https://www.tradedoubler.com/es/publishers/

Nuestra solución de marketing de afiliación líder en el sector te permite generar ingresos adicionales desde tu web. Conectamos a más de 2.000 marcas líderes con soportes de todo el mundo que abren nuevas fuentes de ingresos y ofrecen un ROI claro.

TradeTracker   -   https://tradetracker.com/affiliate-programme/

El programa de segundo nivel ofrece a los afiliados de TradeTracker la opción única de ganar a través de un modelo de comisión de segundo nivel. Esto significa que cuando un afiliado activo recluta nuevos afiliados, estos reclutas se convierten en sub-afiliados del reclutador.

Udemy - https://www.udemy.com/affiliate/

Promociona un producto que siempre sea útil, que la gente siempre quiera, y que nunca pasará de moda: ¡miles de cursos en línea en cientos de categorías!

Valuleads - https://valuleads.com/publishers.html

Expertos dedicados y servicio de calidad de 8 a.m. a 12 a.m., los siete días de la semana. A diferencia de muchas redes que afirman tener soporte 24/7, pero luego no contestan el teléfono porque no hay nadie allí, somos sinceros y honestos: nuestro equipo está disponible 16 horas al día, todos los días.

Vimeo - https://vimeo.com/about/affiliate

Nosotros tenemos un sitio web, tú tienes un sitio web. Nosotros hacemos publicidad del nuestro, y tú necesitas patrocinadores. Pon nuestros anuncios en tu sitio web en algún lugar que esté libre, o en algún sitio en el que pienses que a la gente le gustaría ver anuncios dinámicos.

Webgains   -
https://www.webgains.com/public/es/afiliados/

Si deseas ganar dinero con tus contenidos online e interactuar con tus lectores como nunca, únete hoy mismo a nuestra red mundial de afiliados.

Zoom - https://zoom.us/partner-locator

El Programa de afiliados de Zoom está diseñado para recompensar a los socios por generar nuevas oportunidades al recomendar los Servicios de Zoom a sus respectivos clientes y prospectos.

Descubre el Mundo

Oportunidades en el Marketing de Afiliación de Viajes y Turismo

El mundo del marketing de afiliación en el ámbito de los viajes y el turismo es un espacio emocionante lleno de oportunidades para aquellos que desean combinar su pasión por viajar con la posibilidad de generar ingresos en línea. Ya sea que seas un entusiasta de los viajes que ha recorrido el mundo o simplemente tengas interés en el tema, aquí te presentamos una visión de cómo puedes incursionar en este fascinante nicho.

1. Comparte tus Experiencias de Viaje

- Si has tenido la suerte de explorar diferentes destinos y tienes anécdotas y consejos para compartir, considera crear un portal web o blog de viajes. Describe tus aventuras, comparte fotos inspiradoras y brinda recomendaciones útiles. A medida que tu sitio web atraiga a un público interesado en viajar, tendrás la oportunidad de promocionar programas de afiliados relacionados con el turismo.

2. Promociona Ofertas de Viajes

- Muchos Market Places ofrecen programas de afiliados que incluyen ofertas de viajes y alojamiento. Puedes unirte a estos programas y promocionar ofertas especiales de vuelos, hoteles, cruceros y paquetes vacacionales. A medida que los visitantes de tu sitio web busquen oportunidades para viajar, podrás redirigirlos a estas ofertas y ganar comisiones por cada venta generada.

3. Equipamiento y Accesorios de Viaje

- Además de promocionar destinos y alojamientos, también puedes considerar la promoción de equipos y accesorios de viaje. Desde mochilas y artículos de camping hasta cámaras y dispositivos de navegación, hay una amplia gama de productos que los viajeros buscan antes de aventurarse. Únete a programas de afiliados que ofrecen estos productos y proporciona a tus seguidores enlaces de afiliado a productos que puedan necesitar para sus propias aventuras.

4. Fotografía y Experiencias de Viaje

- Si eres un apasionado de la fotografía de viajes y disfrutas capturando momentos inolvidables en tus aventuras, puedes monetizar tu talento. Únete a programas de afiliados relacionados con servicios de fotografía, como la venta de imágenes de stock o la impresión de fotografías en lienzo. Además, puedes ofrecer talleres en línea o tutoriales sobre fotografía de viajes y ganar comisiones por cada participante que se registre a través de tus enlaces de afiliado.

5. Ropa y Equipamiento para Viajar

- Los viajeros a menudo buscan ropa cómoda y funcional, así como equipos adecuados para sus aventuras. Únete a programas de afiliados que ofrecen ropa y equipamiento de viaje de alta calidad. Comparte reseñas de productos, consejos sobre qué llevar en un viaje y enlaces de afiliado a productos relacionados con el tema.

6. Planificación de Viajes y Recursos

- Ofrece recursos útiles para ayudar a tus seguidores a planificar sus viajes de manera efectiva. Esto podría incluir consejos para la búsqueda de vuelos económicos, herramientas de planificación de itinerarios y recomendaciones de aplicaciones de viaje útiles. Únete a programas de afiliados que proporcionen estas soluciones y gana comisiones por cada usuario que las utilice.

7. Monetiza tu Pasión por los Viajes

- Aprovecha tu amor por los viajes para crear un portal web o blog que no solo inspire a otros a explorar el mundo, sino que también te permita ganar dinero en el proceso. A medida que atraigas a una audiencia comprometida y ofrezcas contenido valioso, tendrás la oportunidad de aprovechar los programas de afiliados y las ofertas relacionadas con viajes y turismo.

El marketing de afiliación en el ámbito de los viajes y el turismo ofrece numerosas oportunidades para aquellos que desean combinar su pasión por explorar el mundo con la posibilidad de generar ingresos en línea. Ya sea que optes por promocionar ofertas de viajes, equipos de aventura o recursos de planificación de viajes, este nicho te brinda la oportunidad de monetizar tu interés por los viajes. ¡Comienza tu emocionante viaje en el mundo del marketing de afiliación de viajes y turismo hoy mismo!

Viajes en Ghost Commerce:

Agoda - https://partners.agoda.com/

Generosas comisiones sobre las reservaciones. Cuantas más reservaciones se hagan cada mes, mayor será el porcentaje de pagos para ti.

Airbnb - https://affiliate.withairbnb.com/

Como afiliado calificado, tendrás acceso a todo el catálogo de Airbnb. Tendrás una comisión por cada reservación que se realice por tu conducto y tus clientes obtendrán un viaje inolvidable.

Booking   - https://www.booking.com/affiliate-program/v2/index.html

Únete al programa de afiliados de Booking.com y empieza a ganar comisiones por cada reservación hechas a través de tu página web. ¡Registrarse es gratis, fácil y con confirmación inmediata!

TripAdvisor - https://www.tripadvisor.com/affiliates

Asóciese con el sitio de viajes más grande del mundo y ayude a sus usuarios a descubrir grandes ideas para sus viajes. Nuestro programa de afiliados le permite aprovechar la marca Tripadvisor para mejorar su contenido, obtener un flujo constante de ingresos en el tráfico hotelero y proporcionar a los usuarios acceso a contenido rico que abarca 795 millones de comentarios y 1.4 millones de lugares para quedarse.

Salud y Bienestar

Este nicho no es tan pequeño como uno puede imaginarse, hay muchas personas que se preocupan de su salud y su bienestar.

Una tienda en línea sobre coaching, deportes, salud, medicinas alternas, aparatos para adelgazar y similares puede ser una excelente alternativa y pretexto para vender estos productos.

Programas de salud en Ghost Commerce:

EldoLink – https://www.eldolink.com/en/

Promueva el programa de adelgazamiento Slimdoo® Herramientas de auto-entrenamiento interactivas web y móviles. Contenido y productos originales de bienestar

Healt Trader – https://www.healthtrader.com/us/

HealthTrader se enorgullece de proporcionar recursos que los afiliados realmente usan. Le facilitamos la búsqueda de ese banner, imagen, documento o video perfecto, y nuestros widgets le permiten crear hermosas tablas de precios en segundos.

Natural Revenue - https://www.naturalrevenue.com/es/

Plataforma de marketing de afiliación de productos naturales y de tecnología de punta para la salud, la belleza y el bienestar.

Productos Financieros

Aún sabiendo el riesgo de ciertos productos, muchas personas buscan invertir en las criptomonedas, en programas de bienes y raíces, obligaciones y otros artículos afines.

La lista que presentamos aquí es pequeña, pero te aseguro que si buscas un poco, vas a encontrar muchas empresas que proponen sus productos financieros en Ghost Commerce.

Aún si tu no los compras, puedes venderlos y ganar sobre lo que inviertan tus clientes.

Programas de afiliados en finanzas:

Ava Partner - https://www.avapartner.com/es/

Te ofrecemos una variedad de oportunidades para registrarte en distintas opciones como Brokers Introductorios, Afiliados Online, Gestores Financieros, Call

Centers, Academias de Trading, así como programas flexibles en marca blanca.

Bitit - https://bitit.io/affiliates

Gane hasta el 9% de comisión. Pagos en Bitcoins semanales. Cada uno de sus afiliados generará comisiones de por vida.

Productos Digitales y Marketing de Afiliación

Los productos digitales representan una faceta emocionante y en constante crecimiento en el mundo del marketing de afiliación. Estos productos tienen el potencial de ofrecer las comisiones más lucrativas, y aquí exploraremos por qué son una opción tan atractiva para los afiliados y cómo puedes incursionar en este emocionante nicho.

Productos Digitales: ¿Qué Son y Por Qué Son Especiales?

Los productos digitales, a menudo llamados productos inmateriales, son aquellos que existen exclusivamente en formato digital. Estos pueden incluir libros electrónicos, cursos en línea, software, música, diseño gráfico, plantillas, contenido descargable y mucho más. Lo que los hace especiales es que no se requiere una producción física; en cambio, su valor se deriva del contenido y la experiencia que ofrecen.

Alto Potencial de Ganancias

Una de las razones por las que los productos digitales son tan atractivos para los afiliados es el alto potencial de ganancias. Debido a que estos productos suelen tener un nicho más pequeño y especializado, las comisiones que los afiliados pueden ganar por cada venta son significativamente más altas en comparación con los productos físicos. Los creadores de productos digitales están dispuestos a pagar tarifas generosas a los afiliados que los ayuden a llegar a su público objetivo.

Amplia Variedad de Nichos

El mundo de los productos digitales abarca una amplia variedad de nichos y temas. Puedes encontrar productos digitales relacionados con la salud, la tecnología, el desarrollo personal, la educación, el arte, la música, la escritura y prácticamente cualquier otra área que puedas imaginar. Esto te brinda la flexibilidad de elegir un nicho que te apasione y en el que te sientas cómodo trabajando.

Cómo Ingresar en el Marketing de Afiliación de Productos Digitales

Si estás interesado en aprovechar el potencial de ganancias de los productos digitales a través del marketing de afiliación, aquí tienes algunos pasos clave para comenzar:

1. Encuentra Plataformas de Afiliación de Productos Digitales:

- Busca plataformas en línea que ofrezcan programas de afiliados para productos digitales. Algunas de las plataformas más conocidas incluyen ClickBank, ShareASale, JVZoo y Click2Sell. Estas plataformas ofrecen una amplia gama de productos digitales en diversos nichos.

2. Investiga y Selecciona Tu Nicho:

- Investiga los diferentes nichos de productos digitales y elige aquellos que te interesen y con los que te sientas cómodo trabajando. Esto es importante porque necesitarás crear contenido relacionado con estos productos para promocionarlos de manera efectiva.

3. Únete a Programas de Afiliados:

- Regístrate en los programas de afiliados que ofrecen productos digitales en tu nicho seleccionado. Completa el proceso de registro y asegúrate de comprender las tasas de comisión y los términos de cada programa.

4. Crea Contenido de Calidad:

- Para promocionar productos digitales de manera efectiva, necesitarás crear contenido de calidad. Esto puede incluir reseñas, artículos informativos, tutoriales en video y otros recursos que ayuden a los visitantes a comprender los beneficios de los productos que promocionas.

5. Utiliza Estrategias de Marketing en Línea:

- Aprovecha las estrategias de marketing en línea, como el SEO, el marketing de contenidos, el marketing por correo electrónico y las redes sociales, para promocionar tus enlaces de afiliado y atraer tráfico a tu contenido.

6. Realiza Seguimiento y Optimización:

- Realiza un seguimiento de tus esfuerzos de marketing de afiliación y ajusta tus estrategias según sea necesario. Esto te permitirá maximizar tus ingresos a lo largo del tiempo.

Los productos digitales son una fuente de ganancias significativas y una amplia variedad de nichos para elegir, representan una opción atractiva para aquellos que desean combinar su pasión por la promoción en línea con el potencial de ingresos. Si eliges trabajar con productos digitales, recuerda enfocarte en la calidad del contenido y en la construcción de relaciones sólidas con tu audiencia para tener éxito en este lucrativo nicho. ¡Es hora de sumergirse en el emocionante mundo de los productos digitales y el marketing de afiliación!

Productos digitales en Ghost Commerce:

1tpe - http://1tpe.com/

Obtén hasta un 70% de comisión vendiendo miles de productos digitales (capacitación, libros electrónicos, software, audios y muchos más)

Acceleration Partners - https://www.accelerationpartners.com/

Ofrecen una gestión de cuentas de alta calidad y ayudan a sus clientes a conseguir dinero para adquirir nuevos clientes a través de una variedad de plataformas y métodos.

Avangate - https://www.avangatenetwork.com/

Esta red viene con uno de los mejores planes de comisiones y la mayoría de los productos adquieren un formulario de muestra sin costo. Si bien no es el nombre más reconocible, tienen un gran alcance cuando se trata de clientes.

Bluehost - https://www.bluehost.com/affiliates

Simplemente promociona Bluehost en tu sitio web con banners y enlaces personalizados. Por cada visitante que haga clic en estos enlaces y se registre, recibirás 65 dólares ¡Cuantos más inscritos tengamos, más ganarás!

Hoth - https://www.thehoth.com/seo-affiliate-program/

Servicios SEO. Cuando nos envía tráfico, hacemos todo lo posible para que se convierta. Tenemos un autoresponder altamente convertible, seminarios web, ofertas especiales, retargeting, un equipo de ventas en vivo, un soporte increíble y MÁS. Hacemos todo lo posible para obtener sus comisiones.

Mangools - https://mangools.com/affiliate-program

Programa de afiliación SEO de Mangools. Obtenga una comisión del 30% de POR VIDA promocionando las herramientas de SEO de Mangools utilizado y amado por personas de todo el mundo desde 2014.

OneNetworkDirect - https://www.onenetworkdirect.com/partners.php

Experimente el poder de tener acceso directo a los productos de las principales empresas de software y electrónica gran público.

Popmyads - https://popmyads.com/publishers

PopUnder - Ofrecemos tarifas líderes en la industria y la mejor cobertura de tráfico internacional. No se dejará ningún tráfico con nosotros, se le pagará por todos sus visitantes. 25 dólares de depósito.

PopAds - https://www.popads.net/publishers.html

Somos la red publicitaria de mayor y más rápido pago en el mercado especializada en popunders. Puede establecer su oferta mínima, puede elegir servir popunders con anuncios de sonido y video de reproducción automática o puede optar por publicar popups / popunders adicionales.

Resellers Panel - https://www.resellerspanel.com/es/

Plataformas de alojamiento de revendedores (Servidores)

Ya llevamos 17 años en el negocio de alojamiento de revendedores y sabemos cómo hacerlo. Resellerspanel es un sitio en inglés que ofrece diferentes formas de rentabilizar su sitio o realizar compras interesantes.

RevenueWire   -

https://affiliate.revenuewire.com/auth/login

Si usted es una empresa que vende productos digitales, este es el indicado para usted. ¡Con presencia en más de 120 países, tienen una reputación tan buena como su alcance y son el afiliado elegido para los tipos de tecnología!

Template Monster - https://www.templatemonster.com/es/programa-de-afiliados.html

¡Únase al programa de afiliados de TemplateMonster!

Obtenga un 30% de comisión por la primera compra de cualquier usuario y un 10% de comisión por las futuras compras con el programa de afiliados de TemplateMonster.

VirtualShield - https://virtualshield.com/affiliates/

Promociona el servicio VPN más fácil del mundo. Únete ahora y gana toneladas de dinero promoviendo uno de los mejores servicios VPN. ¡Puedes ganar hasta 96 dólares por referencia!

Outsiders

En toda lista aparecen los "inclasables", los que proponen productos que son difíciles a determinar, pero que tienen su clientela.

Un nicho ligado a los juegos y a las encuestas remuneradas principalmente.

Otros mercados del afiliación:

Allosponsor – https://www.allosponsor.com/accueil.php

Primera red de partocinios por medio de micropagos en la Web.

Gum Road – https://gumroad.com

Una plataforma de Market Place que ayuda a los creadores a tomar el control de sus carreras creativas. El contenido ha sido vendido en el mercado por más de 38,589 blogueros, escritores y artistas. No renuncies a tus clientes a iTunes o Amazon. Toma el control de tu negocio

Points2Shop - https://www.points2shop.com/

Points2Shop es uno de los mayores programas gratuitos de recompensas en línea. Puede ganar puntos virtuales o dinero en efectivo con actividades en línea como completar encuestas y ofertas, ver videos, jugar juegos, comprar en línea y mucho más. Con las aplicaciones móviles de Points2Shop, incluso puedes ganar donde sea que estés, ya sea que estés en casa o fuera de ella.

Rentabiliweb - http://www.rentabiliweb.com/en/

0stant funciona según el principio de las subastas. Establece un espacio publicitario y las pantallas se ofrecen al mejor postor. Solo campañas de CPM. Rentabiliweb también ofrece un sistema de micropagos para que parte de su sitio pague.

Searchcactus - https://cactusmedia.com/Pubsignup.asp

Le darán 2 para iniciar su cuenta la primera vez que se una y puede hacer 25 búsquedas por 25 centavos cada una. día. Simplemente escriba una palabra de

búsqueda en el pequeño cuadro de búsqueda y deje que
aparezca esta página.

Entretenimiento para Adultos

El entretenimiento para adultos es una industria que genera más de 100 mil millones de dólares al año. Las empresas invierten mucho dinero en publicidad en línea.

La mayoría de las principales y más conocidas redes de CPA ahora tienen también campañas para adultos, citas, encuentros y romance gracias a la demanda que crece de manera exponencial.

Las empresas son altamente serias y sus productos los manejan como cualquier otro artículo o servicio.

Entretenimiento para adultos en Ghost Commerce:

Adult Company - https://www.the-adult-company.com/public/accueil/

Esta plataforma ofrece miles de fotos, videos, sitios de encuentros y cámaras en vivo; además, pone a tu disposición varias herramientas para promocionar y personalizar tus productos o tu tienda.

Adult Look - https://www.adultlook.com/affiliate

Escorts - Es fácil ganar comisiones. Convierte a tus visitantes en clientes; gana comisiones sobre ventas e ingresos publicitarios.

ADXXX - https://es.adxxx.com/

Estamos orgullosos de presentar nuestro propio mecanismo creado especialmente para satisfacer las necesidades de publicidad de la industria para adultos (adult-industry).

Busyx - https://www.busyx.com/

Este sitio web te maneja tiendas afiliadas y marcas blancas sexys para vender en tu sitio. Posibilidad de adquirir una tienda completa en un kit, 100% personalizable e instalables en tu dominio o subdominio.

Chaturbate - https://es.chaturbate.com/affiliates/

Gana un dolar por cada registro gratuito. Nuestro proceso de registro está simplificado y no requiere una dirección de correo electrónico ni tarjeta de crédito.

CrakRevenue - https://affiliates.crakrevenue.com/

Con mucha dedicación y esfuerzo por ofrecer la mejor experiencia a sus clientes, CrakRevenue es el mejor generador de ingresos en la industria del entretenimiento para adultos.

CPAMatica - https://affiliate.cpamatica.io/

La empresa propone productos exclusivos para sus socios y asi poder ofrecer condiciones más favorables a sus afiliados. Solo funciona en el nicho de adultos y citas con experiencia probada.

Dating Gold - https://www.datinggold.com/

Desde 2003, nuestros negocios, productos y tecnologías han perdurado ahí, donde otros han desaparecido desde hace mucho tiempo.

FireAds - https://fireads.org/en/register

FireAds es una red de CPA versátil, gestiona más de 36 campañas para adultos altamente convertibles. Si estás buscando campañas para adultos altamente convertibles, entonces es hora de demostrar tus habilidades de marketing con FireAds

Golden Goose - https://gg.agency/register

GG.agency es una de las principales redes de CPA para adultos que le permite monetizar el tráfico en todo el mundo. Con un flujo de un clic, click2sms y campañas de afiliación del tipo de envío de PIN, GoldenGoose ha sido clasificada como la red premium con un giro exclusivo en campañas para dispositivos móviles.

Happy   Escorts   -
https://www.happyescorts.com/es/webmaster

Gana una comisión del 75% incluso si un miembro gratuito que nos has recomendado, compra una membresía varios meses después. Pago mensual vía paypal - Sin pago mínimo.

MaxBounty - https://www.maxbounty.com/

Una de las redes de CPA más antiguas, tiene algunas ofertas de afiliación para adultos y citas exclusivos, bastante populares en la red. La compañía tiene una gran cantidad de ofertas en todos los mercados verticales y también tiene una reputación bien implantada en la industria de afiliación para adultos.

MyLead - https://mylead.global/es

Elige uno de los mil programas de afiliados disponibles en nuestra plataforma. Puedes elegir entre docenas de campañas para pomocionar tu tienda.

PaySale - https://paysale.net/

La compañía ofrece ofertas exclusivas y escalables para editores con pagos mensuales a través de PayPal, paxum, WebMoney y cable.

Pushy-Ads - http://pushy-ads.com/

Pushy-Ads es otra red líder de monetización en el entretenimiento para adultos. Sus anunciantes premium, tienen ofertas de CPA exclusivas para adultos y citas.

Seeking   - https://partners.reflexmedia.com/affiliate/signup

Daddy Sugar. Al registrarte, tendrás a tu disposición un equipo de diseñadores y materiales para ayudar a aumentar los ingresos. MAYORES INFORMES: https://www.seeking.com/es/affiliate

Xsponsor - https://www.xponsor.com/

Más de 80 sitios a promouvoir, dans des catégories différentes, y bénéficiant chacun de zone membre propio

Pago en función de los abonos de banquetes a la carta, kits de carga o micropagos.

Casinos

Este mundo es de riesgo mediano, pero es de riesgo; por esta razón sólo propongo los más grandes, los que manejan varios casinos en línea y que tienen productos propios.

Se genera mucho dinero y algunos casinos te propondrán remuneraciones según lo invertido por cada cliente que les lleves a jugar.

La competencia es feroz, pero es muy interesante para las personas que lo trabajen seriamente.

Casinos en Ghost Commerce:

888 Affiliates - http://affiliates.888.com/es/

El programa 888 Affiliates representa la marca 888 de casinos en línea que ofrece todos sus productos de juegos con la tecnología de la plataforma de software propia de la compañía.

Ace Revenue - https://www.acerevenue.com/partners.php

El equipo de Silver Oak es un grupo de veteranos de la industria que creó su propio casino. Tienen una misión simple: proporcionar una experiencia de juegos de casino en línea confiable y sin igual para cada jugador, sin importar su nivel de experiencia en el casino.

Affiliate Edge - https://www.affiliateedge.com/

Esta plataforma de casinos, ofrece juegos en varias monedas y un programa de casino multilingüe que proporciona estadísticas diarias, actualizadas con el apoyo de un equipo de administradores de cuentas profesionales.

AskGamblers - https://www.askgamblers.com/affiliate-programs

Debemos superar los límites y seguir inspirando a toda esta industria para honrar a los jugadores, trabajar para ellos y brindar el mejor servicio que existe.

Bet365 - https://www.bet365affiliates.com/ui/pages/affiliates/affiliates.aspx

Este portal es un sitio web de casino multilingüe que se dirige principalmente a jugadores con sede en el Reino Unido y en toda Europa y Asia; actualmente no acepta jugadores con sede en los Estados Unidos.

Betway Partners affiliate - https://betwaypartners.com/

Betway se dedica a crear un entorno agradable y seguro para los usuarios, y está constantemente innovando para garantizar la entrega de productos de juegos en línea de clase mundial.

Blink - http://www.bllnk.com/

Recompensas flash: ¡otro lugar más para hacer clic varias veces al día y ganar dinero rápido! Funciona básicamente igual que la mayoría de los otros sitios de clics.

Casino Affiliates Forum - https://www.affiliateguarddog.com/

Numerosos foros sobre todo lo relacionado con la industria: noticias, pagos, marketing y ventas, optimización de motores de búsqueda, trabajos, problemas

Cleopatra Casino - https://cleopatrapartners.com/

Puede ganar rápidamente un poco de dinero extra cada mes simplemente publicando un anuncio discreto en su sitio. Esto le otorga hasta un 40% de los ingresos que obtenga el casino a través de su enlace de afiliado.

ClickAdu - https://www.clickadu.com/es/publishers.html

Regístrese como editor. Añada su sitio web y reciba la aprobación. Instale un código de publicidad y ¡ Comience a ganar! Tools & Utilities, Push subscriptions, Dating, Soft, VPNs, Finance Apps, Mobile content, Shopping Apps, Nutra, Sweepstakes, Delivery Apps, Gaming

Goracash - https://www.goracash.com/es_ES/

Goracash pone a tu disposición contenido gratuito basado en las artes adivinatorias que te permitirán publicar en tu sitio contenido fresco y actualizado regularmente (horóscopo rss por ejemplo).

GVC Affiliates - https://www.gvcaffiliates.com/

Como una de las compañías de juegos en línea más grandes del mundo, nuestro enfoque está en el crecimiento continuo de nuestro negocio al proporcionar una experiencia de juego sin igual. Únete a las principales marcas de juegos del mundo. Gane hasta un 35% en comisiones.

Info Casino Bonus - https://www.infocasinobonus.com/affiliate-programs/

Tenemos los últimos juegos de casino para que juegues, con la nueva y mejorada sección de lobby de juegos que te ayudará a encontrar un gran juego. Si te gustan las tragamonedas clásicas, los juegos de mesa y el video póker.

WCasino Affiliates - https://affiliates.iwcasino.com/signup.aspx

Sin agrupación de ganancias. Sin tarifa administrativa deducida de las comisiones. Desarrollado por la plataforma NetRefer. Planes alternativos de comisión por solicitud. Esquema de sub-afiliación disponible. Bajo un umbral de pago de cien euros

Primepartners - https://www.primepartners.com

Retribución muy atractiva (de 30 a 175 por jugador efectivo orientado en uno de los juegos en remuneración fija) y bonificaciones adicionales (por ejemplo, bonificación de 500 por 10 registrados en un casino).

Revenue Giants - https://www.revenuegiants.com/

El programa de afiliados Revenue Giants le ofrece una participación en las ganancias de por vida, que se paga al final de cada mes.

Tu Camino hacia un Futuro Lucrativo

Has llegado al final de este libro y has recorrido un camino que te ha llevado a descubrir los secretos del Ghost Commerce y el marketing de afiliación. A lo largo de estas páginas, he compartido contigo mi experiencia de años en el mundo del comercio electrónico y cómo puedes aprovechar este conocimiento para alcanzar el éxito en línea. Ahora, es el momento de reflexionar sobre lo que has aprendido y de prepararte para dar tus primeros pasos en este emocionante viaje.

Experiencia y Sabiduría Compartida

Todo lo que has encontrado en este libro no es solo teoría; proviene de años de experiencia directa en el comercio electrónico, incluyendo cinco años de gestión de productos en Ghost Commerce. Cada consejo, sugerencia y estrategia compartida aquí se basa en situaciones reales y lecciones aprendidas en el mundo real del comercio en línea. Aprovecha esta sabiduría compartida y evita los errores comunes que otros han enfrentado.

El Poder de la Práctica y la Voluntad

Aunque he compartido mi experiencia contigo, el camino hacia el éxito en Ghost Commerce depende en última instancia de ti y de tu voluntad de actuar. Si deseas aprender y experimentar por ti mismo, ¡adelante! La práctica es esencial para comprender verdaderamente cómo funciona este mundo en constante evolución. Utiliza esta guía como un trampolín para tu propio aprendizaje y crecimiento.

Crear tu Tienda en Línea: Un Reto Cumplido

Hemos visto que es posible crear una tienda en línea completa con una inversión mínima y ganar dinero con una amplia variedad de productos. Cumplir con este reto es solo el comienzo de tu viaje en Ghost Commerce. A medida que construyas tu tienda y la adaptes a tus necesidades, descubrirás que tienes el control de tu propio destino empresarial.

Promoción a Través de Redes Sociales y Video

Hemos explorado estrategias efectivas para promover tu tienda en línea a través de las redes sociales y el video. Estas técnicas pueden llevar tiempo para desarrollarse y perfeccionarse, pero son esenciales para alcanzar a tu audiencia y construir una base de clientes sólida. Ten paciencia y continúa ajustando tus enfoques a medida que avanzas.

Explora Métodos Avanzados con 'Vende en Línea'

Si deseas llevar tu negocio al siguiente nivel, te recomiendo explorar el libro 'Vende en Línea', donde describo un sistema utilizado por las grandes empresas para vender de manera segura y rápida. Este método puede ser una excelente adición a tu estrategia una vez que tu tienda encuentre su público y se posicione en Internet.

El momento de iniciar tu proyecto es ahora

A través de esta guía, he proporcionado instrucciones paso a paso sobre cómo hacerlo. Solo necesitas la voluntad y la determinación de tu parte. A medida que avanzas en tu viaje, encontrarás momentos emocionantes, como cuando reclutes a tu primer empleado para trabajar en tu tienda en línea o cuando realices tu primera venta en Ghost Commerce y veas el reflejo en tu cuenta PayPal.

Disfruta del Viaje

Finalmente, te animo a disfrutar de cada momento de este viaje. Diviértete creando y desarrollando tu proyecto en Ghost Commerce. Esta aventura te brindará muchas satisfacciones a medida que superas desafíos y alcanzas tus metas. El éxito está a tu alcance, ¡adelante!

Bibliografía

El concepto de 'Ghost Commerce' es relativamente nuevo y no es ampliamente cubierto en la literatura convencional. Sin embargo, puedo sugerirte algunos libros y recursos relacionados con el comercio electrónico, el marketing de afiliación y temas afines que podrían ser útiles en tu búsqueda de conocimientos en esta área. Aunque no se centren específicamente en 'Ghost Commerce', abordan temas relacionados con el comercio en línea y la promoción de productos a través de afiliados:

1. 'The Complete E-Commerce Book: Design, Build & Maintain a Successful Web-Based Business' de Janice Reynolds.

2. 'Affiliate Program Management: An Hour a Day' de Evgenii Prussakov.

3. 'E-commerce Get It Right!: Essential Step by Step Guide for Selling & Marketing Products Online' de Ian Daniel.

4. 'E-commerce Evolved: The Essential Playbook To Build, Grow & Scale A Successful E-commerce Business' de Tanner Larsson.

5. 'Influence: The Psychology of Persuasion' de Robert B. Cialdini.

6. 'Contagious: How to Build Word of Mouth in the Digital Age' de Jonah Berger.

7. 'Jab, Jab, Jab, Right Hook: How to Tell Your Story in a Noisy Social World' de Gary Vaynerchuk.

8. 'The 4-Hour Workweek: Escape 9-5, Live Anywhere, and Join the New Rich' de Timothy Ferriss.

9. 'Youtility: Why Smart Marketing Is About Help Not Hype' de Jay Baer.

10. 'DotCom Secrets: The Underground Playbook for Growing Your Company Online' de Russell Brunson.

Debido a la novedad del concepto de 'Ghost Commerce', la mayoría de la información específica sobre este tema puede estar en línea o en recursos más actuales, como blogs, foros y seminarios web. Te recomiendo buscar información en línea y seguir a expertos en marketing de afiliación y comercio electrónico en las redes sociales y plataformas como YouTube para mantenerte al día con las últimas tendencias y estrategias en este campo.

Otras publicaciones del mismo autor

La contribución de Rubén Fox no se limita a la enseñanza; también ha compartido su conocimiento y experiencia a través de numerosas publicaciones. Algunos de sus libros más destacados incluyen:

- 'Las Armas Secretas del Comercio Electrónico': Un libro que explora estrategias y tácticas clave para el éxito en el comercio electrónico.

- 'La Guía del Dropshipping': Una obra que desglosa el modelo de negocio de dropshipping, proporcionando información valiosa para emprendedores y dueños de tiendas en línea.

- 'La Guía del Video Marketing': Este libro se sumerge en el mundo del video marketing, ofreciendo consejos prácticos y estrategias efectivas para aprovechar esta poderosa herramienta.

- 'Ganar Dinero con el eMailing': Una guía que aborda cómo aprovechar el email marketing de manera efectiva para impulsar las ventas y la promoción de productos.

- 'Estructuras Conversacionales para Robots': Un libro que explora cómo diseñar interacciones efectivas entre humanos y robots, un tema de creciente relevancia en la era digital.

- 'La Guía de la Creación de Contenido Escrito para la Web': En esta obra, Rubén comparte consejos para crear contenido escrito de alta calidad destinado a la web, un aspecto fundamental en el marketing digital.

- 'Consejos para Escribir Novelas': Una guía para aspirantes a escritores de novelas que desean perfeccionar sus habilidades narrativas.

- 'La Guía Rápida para Escribir un Libro': Un recurso práctico para aquellos que desean emprender la tarea de escribir y publicar un libro.

Página de Autor en Amazon

Rubén Fox también ha consolidado su presencia en Amazon como autor. Su página de autor en Amazon ofrece una visión completa de sus obras y contribuciones en el mundo de la publicación. Puedes explorar su catálogo de libros y acceder a valioso contenido relacionado con el comercio electrónico, el marketing digital y la escritura.

Sobre el Autor

Rubén Fox: Experto en Comercio Electrónico y Pedagogo Apasionado

Con una amplia experiencia y un profundo compromiso con la enseñanza, Rubén ha dejado una huella significativa en ambas disciplinas.

Experiencia Pedagógica

Rubén ha desempeñado roles como profesor en varias instituciones educativas, donde ha compartido su conocimiento y ha contribuido al desarrollo de programas de estudio innovadores.

- Universidad Pedagógica Veracruzana: Rubén ha sido profesor en esta institución, donde ha impartido cursos a nivel de licenciatura. Sus áreas de especialización incluyen Marketing Digital con énfasis en las Artes, así como Habilidades Digitales. Además de enseñar, Rubén también ha sido el creador y diseñador de los cursos para estas dos asignaturas, lo que demuestra su habilidad para desarrollar contenido educativo de alta calidad.

- Universidad Latinohispanoamericana: A nivel de maestría, Rubén ha contribuido a la educación superior como profesor en la Universidad Latinohispanoamericana. Su asignatura 'Del Dato a la Información - Big Data' ofrece una visión profunda de este campo emergente. Al igual que en su trabajo anterior, Rubén ha sido el creador y diseñador de los cursos para esta asignatura.

- Cursos en Línea: Además de su labor en instituciones académicas, Rubén ha extendido su influencia educativa mediante la creación de cursos en línea. Temas como Formación al Freelancing, Creación de Negocios con Blogging y YouTube son algunos de los cursos que ha desarrollado. Estos cursos, ofrecidos de manera asincrónica, permiten a una audiencia global acceder a su experiencia en comercio electrónico y marketing digital.

- Innova-ai.com: Rubén es el administrador del portal en línea innova-ai.com, que se dedica a la Cultura General. Esta plataforma ofrece contenido educativo variado y es una muestra más de su compromiso con la difusión del conocimiento.

Rubén Fox es un profesional apasionado y comprometido; su experiencia, publicaciones y contribuciones educativas son un testimonio de su dedicación para compartir conocimiento y ayudar a otros a tener éxito en el mundo digital.

"Ningún animal fue maltratado durante la escritura de este libro"

www.ingramcontent.com/pod-product-compliance
Lightning Source LLC
Chambersburg PA
CBHW072142290526
45794CB00004B/1393

STORIES
FOR EMILY

PAULETTE CLEVELAND

Outskirts Press, Inc.
Denver, Colorado

Stories for Emily

Outskirts Press, Inc.
http://www.outskirtspress.com

ISBN: 978-1-4327-2526-6

Outskirts Press and the "OP" logo are trademarks belonging to Outskirts
Press, Inc.

PRINTED IN THE UNITED STATES OF AMERICA